Début d'une série de documents
en couleur

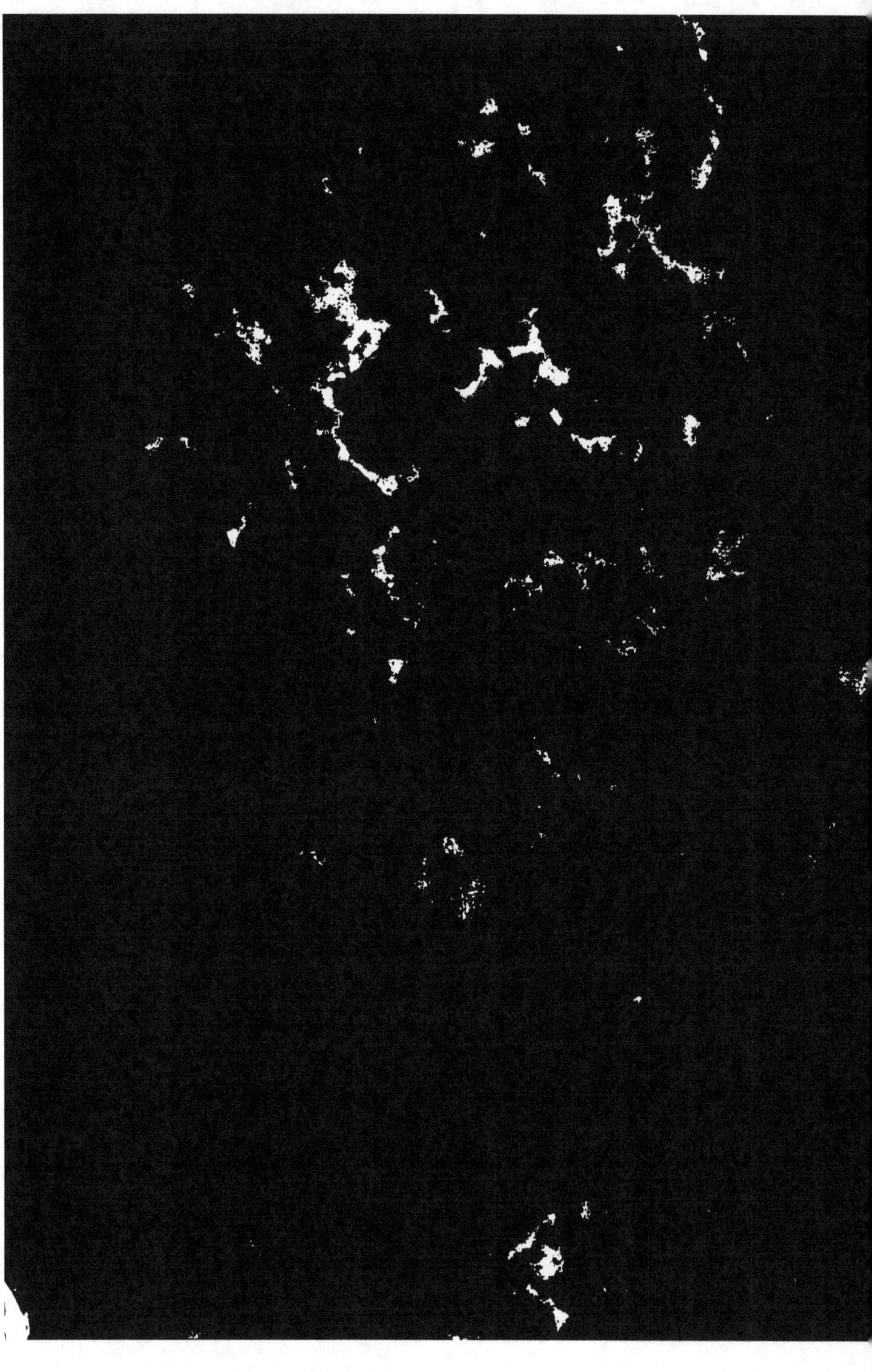

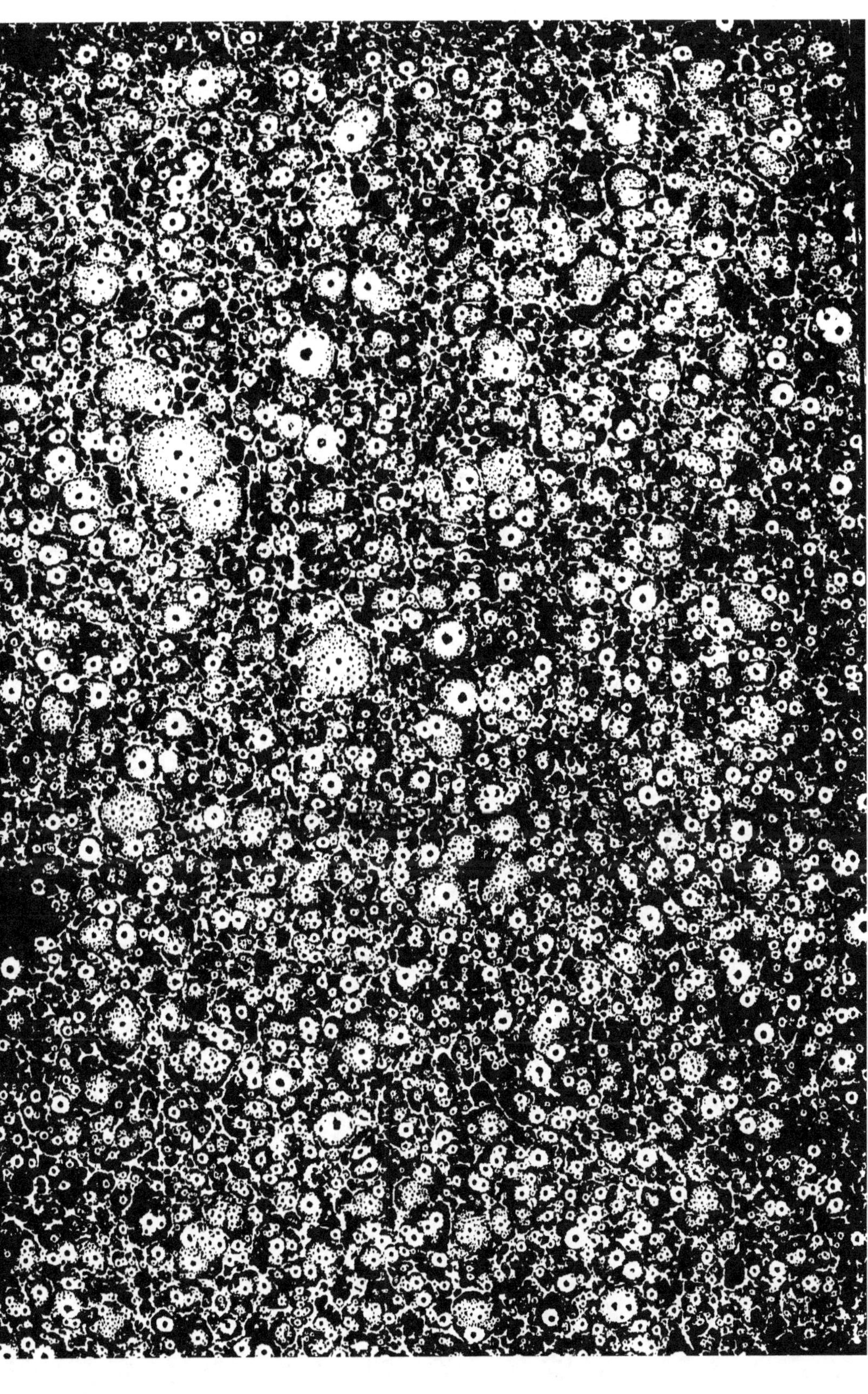

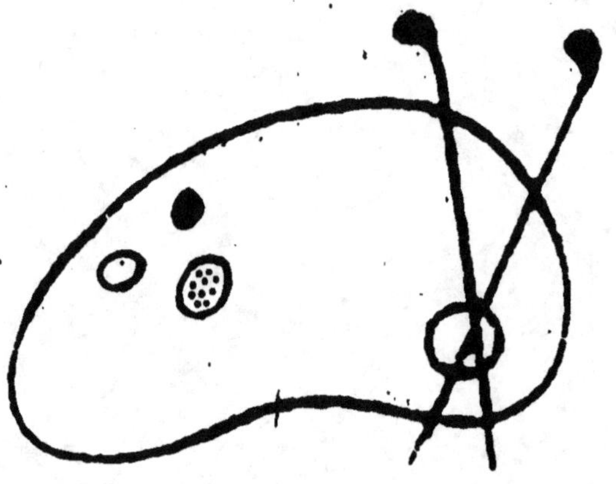

Fin d'une série de documents
en couleur

PROJET

D'UNE

CONSTITUTION

DÉMOCRATIQUE ET SOCIALE.

« Si Dieu ne construit avec vous l'édifice de vos institutions, vous travaillerez en vain à l'élever et à l'affermir. »

(*Psalm.*, 126.)

« La souveraineté du peuple existera, le peuple sera en effet le vrai souverain, le souverain légitime, quand la science humaine aura donné à cette souveraineté le souffle de l'existence : jusque là ce n'est qu'un projet. »

(*Rousseau*. *Contrat Social*, analyse des chap. 6 et 7 du livre II.)

« *Omnia in mensura, et numero, et pondere, disposuit Deus.*

(*Sap.* XI, 21.)

Paris — Imprimerie de L. MARTINET, rue Jacob, 30.

PROJET

D'UNE

CONSTITUTION

DÉMOCRATIQUE ET SOCIALE,

FONDÉE

SUR LA LOI MÊME DE LA VIE,

et donnant,

PAR UNE ORGANISATION VÉRITABLE DE L'ÉTAT,

La possibilité de détruire à jamais la Monarchie, l'Aristocratie, l'Anarchie,

ET LE MOYEN INFAILLIBLE D'ORGANISER

LE TRAVAIL NATIONAL

sans blesser la liberté,

PRÉSENTÉ A L'ASSEMBLÉE NATIONALE

Par un de ses Membres,

Le Citoyen PIERRE LEROUX.

----------◆----------

PARIS,

LIBRAIRIE DE GUSTAVE SANDRÉ,

RUE PERCÉE SAINT-ANDRÉ-DES-ARTS, 11.

1848.

À

MES COLLÈGUES

DE

L'ASSEMBLÉE NATIONALE.

CITOYENS,

Dans une de nos dernières séances, à propos de la discussion générale du Projet de Constitution, j'accusai ce projet :

De n'être fondé sur aucun principe, et de ne procéder d'aucune vérité capable de désarmer les partis ;

D'offrir la combinaison confuse et antinomique de la théorie de Montesquieu et de celle de Rousseau ;

De conserver la monarchie sous le nom de présidence, et par là d'ouvrir carrière à toutes les ambitions ;

De conserver l'aristocratie, puisqu'il ne renferme aucun principe d'organisation sociale,

Et de conserver en même temps le despotisme, en conservant la centralisation.

A peine étais-je descendu de la tribune, que M. de la Rochejaquelein y monta, et me demanda ce qu'il appelait ma machine, c'est-à-dire une organisation de l'État fondée sur un principe.

« Messieurs, dit-il, dans ce moment nous faisons la chose la plus importante qu'il soit possible à une assemblée nationale de faire : nous faisons la Constitution. On vient de nous démontrer non seulement que le projet en discussion n'a rien de rationnel, mais que le principe même d'une constitution rationnelle n'a pas été émis jusqu'ici. Nous ne pouvons pas faire une constitution dans l'inconnu. Je demande que M. Pierre Leroux, qui est la négation personnifiée, vienne ici nous apporter des affirmations; et alors, en gens de conscience, en gens éclairés par ses lumières, s'il en a, nous voterons la constitution. »

Citoyens, je réponds à cette interpellation et à cet appel, dont j'ai remercié M. de la Rochejaquelein; je vous apporte ma machine.

J'ai tort de la dire mienne; car la vérité que je vous présente est le résultat de toute la tradition du genre humain. Toutes les constitutions des États ont été fondées sur le principe que je vous supplie d'employer, sur la Trinité. Et comment n'auraient-elles pas été fondées sur ce principe, puisque ce principe est la loi même de la vie ? Les travaux des écrivains politiques, depuis Platon et Aristote jusqu'à Montesquieu et Rousseau, n'ont eu pour but que de mettre l'esprit humain à même de s'emparer par la réflexion de ce principe de toutes les constitutions qui ont joui de quelque durée sur la terre, afin de pouvoir l'appliquer à une constitution définitive.

Citoyens, vous avez, en tête de votre Préambule de la Constitution, attesté la Divinité : vous me permettrez de soutenir une doctrine politique qui résulte de la nature même de ce Dieu invoqué si justement par vous.

J'ai, du reste, un grand bonheur à vous présenter ce travail, qui, ne dût-il pas occuper longtemps votre attention, aura toujours pour résultat de détruire toutes les caractérisations erronées qui sont tant de fois parties de notre tribune contre moi et contre la doctrine que j'enseigne. Ces traits ne m'ont pas atteint dans ma pensée, et jamais je n'ai pris la parole pour les repousser,

Mais, je l'avoue, ils ont été cruels à mon cœur. Il est cruel de
s'entendre accuser à tout propos d'être un barbare ; et le sentiment qui répond à cette accusation comme Ovide :

> Barbarus hic ego sum, quia non intelligor illis,

est encore douloureux.

Au surplus, j'ai un motif pour pardonner à ceux qui accusent
si amèrement ce qu'ils ne connaissent pas. C'est que notre Assemblée n'est pas organisée, et que d'un corps délibérant non organisé il ne peut que difficilement sortir des discussions équitables.
L'équité, en effet, a besoin de calme ; et le calme ne peut exister
dans une grande assemblée qu'à la condition de la distinction que
j'établis dans le projet que je vous soumets. Sans cette distinction,
la passion prend le dessus, et il n'y a plus harmonie entre les
facultés qui se manifestent. L'orateur s'efforce de flatter une partie
de ses auditeurs, et devient, à son insu même, injuste envers ses
adversaires. C'est ainsi que la tribune se change en une arène de
gladiateurs, et que l'assemblée elle-même, prenant part à la lutte,
ressemble quelquefois à un champ de bataille.

Mais ce propos me mènerait à vous parler de l'organisation que
je vous présente ; et ce n'est pas ici le lieu.

Citoyens, recevez avec bonté l'essai que vous soumet une con-
viction profonde et un cœur sincère ; prenez-le en considération ;
ne le rejetez pas au premier coup d'œil. S'il renfermait la vérité,
pourriez-vous vous pardonner un jour de l'avoir repoussé sans
l'avoir examiné ? Il y aura demain cinquante-six ans que la République a été proclamée : pourquoi n'est-elle pas encore fondée ?
Songez-y, et pardonnez-moi de croire à une doctrine, prêt d'ailleurs à m'éclairer et à renoncer à cette doctrine, si on m'en
démontre la fausseté et le mensonge.

Paris, le 21 septembre 1848.

PROJET

DE

CONSTITUTION.

> « Si Dieu ne construit avec vous l'édifice de
> vos institutions, vous travaillerez en vain à
> l'élever et à l'affermir. »
>
> *(Psalm. 126.)*

En présence et sous l'invocation de Dieu, triple
et un à la fois, qui a créé l'homme Intelligence-
Amour-Activité, parce qu'il l'a créé à son image,

Et au nom de la solidarité qui réunit tous les
hommes dans la même Humanité, comme s'ils étaient
le même être, parce qu'ils sont en effet la même
espèce,

L'ASSEMBLÉE NATIONALE,

Nommée par le suffrage le plus général qui ait pu
s'établir jusqu'ici,

Avec la mission expresse de réparer et d'effacer
les maux de la Nation sous tous les rapports, en la
constituant, c'est-à-dire en l'organisant,

Afin qu'à côté et, si Dieu le veut, à la tête des
nations ses sœurs, la France s'avance de plus en plus

dans la voie de la perfectibilité indéfinie , dont l'apanage a été confié à notre nature,

Proclame ainsi qu'il suit le dogme fondamental des Républiques modernes,

Déclare les droits et les devoirs des citoyens,

Reconnaît la vraie souveraineté,

Et décrète l'organisation politique de l'État.

I

PROCLAMATION

DOGME RÉPUBLICAIN.

La Révolution Française a résumé la politique dans ces trois mots sacramentels : LIBERTÉ, ÉGALITÉ, FRATERNITÉ. Ce n'est pas seulement sur nos monuments, sur nos monnaies, sur nos drapeaux, que cette devise de nos pères fut écrite; elle était gravée dans leur cœur, elle était pour eux l'expression même de la Divinité.

Sainte devise de nos pères, non, tu n'es pas un de ces vains assemblages de lettres que l'on trace sur le sable et que le vent disperse. Triangle mystérieux qui présidas à notre émancipation, qui servis à sceller nos lois, et qui reluisais au soleil des combats sur le drapeau aux trois couleurs, tu fus inspiré par la Vérité même, comme le mystérieux triangle qui exprime le nom de Jéhovah, et dont tu es le reflet.

Triple réponse au triple besoin qui est en nous de connaître, d'aimer, et de pratiquer notre connaissance et notre amour; et en même temps résumé complet de ce que ce triple besoin, toujours vivant en l'homme, avait engendré pendant tant de siècles et de révolutions, savoir, l'énergique activité des anciennes républiques, ou la

Liberté, l'élévation sentimentale du moyen-âge, ou la Fraternité, et la réflexion des siècles plus modernes, ou l'Égalité, cette formule est une des expressions de la Vérité éternelle. On a pu l'effacer, on a pu s'en railler; elle ne fut jamais ni véritablement effacée, ni entamée par les outrages; car elle est vraie, elle est sainte; elle est l'idéal à suivre, elle est l'avenir révélé, elle règne déjà en principe, elle régnera un jour en fait, elle est ineffaçable et immortelle.

Aujourd'hui donc, nous, les représentants du Peuple, nommés par lui pour rédiger la Constitution, en présence de l'Etre Suprême, nous professons comme vraie, certaine, indubitable, la formule une et triple à la fois qu'ont professée nos pères, et qui est inscrite de nouveau sur nos monuments, sur nos monnaies et sur nos drapeaux. Nous sommes prêts, comme nos pères, à souffrir et à mourir pour la défendre; nous espérons la comprendre, l'aimer et la pratiquer de plus en plus; et c'est sur elle que nous voulons fonder notre Constitution, afin qu'elle soit durable. Voilà pourquoi nous plaçons ce dogme au frontispice de cette Constitution.

II

DÉCLARATION

DES

DROITS ET DEVOIRS DES CITOYENS.

———

> « La souveraineté du peuple existera, le peuple sera en effet le vrai souverain, le souverain légitime, quand la science humaine aura donné à cette souveraineté le souffle de l'existence : jusque là ce n'est qu'un projet. »
>
> (ROUSSEAU, *Contrat Social*, analyse des chapitres 6 et 7 du livre II.

Nos pères, convaincus que l'oubli et le mépris des droits naturels de l'homme sont les seules causes des malheurs du monde, résolurent d'exposer, dans une Déclaration solennelle, ces droits sacrés et inaliénables, afin, disaient-ils, que tous les citoyens, pouvant comparer sans cesse les actes du gouvernement avec le but de toute institution sociale, ne se laissassent jamais opprimer et avilir par la tyrannie, que le Peuple eût toujours devant les yeux les bases de sa liberté et de son bonheur, le magistrat la règle de ses devoirs, le législateur l'objet de sa mission.

Nous imiterons la sagesse de nos pères. Avant de constituer l'État, nous établirons les principes mêmes de la société humaine, et nous en déduirons la vraie souveraineté.

CHAPITRE I.

Principes de la société.

Art. 1ᵉʳ. Les principes de la Société résultent de la nature de l'homme.

Art. 2. L'homme, considéré comme individu, est fait à l'image de son Créateur ; il est triple et un : Sensation — Sentiment — Connaissance.

Art. 3. L'homme manifeste son existence par rapport à la nature et à ses semblables par un triple besoin, sans la satisfaction duquel l'homme est dans la souffrance.

Art. 4. Ce triple besoin de l'homme s'exprime par ces trois mots : Propriété, Famille, Patrie.

Art. 5. L'homme n'est pas un être isolé, existant absolument et par lui-même. La vie de chaque homme est attachée à une communication incessante avec ses semblables. De là cette loi : L'homme satisfait son triple besoin de Propriété, de Famille, de Patrie, avec le concours de ses semblables. Cette loi est l'image sur la terre de la solidarité qui unit les hommes dans la pensée divine.

Art. 6. L'homme a droit à la Propriété, à la Famille, à la Patrie ; mais tout homme a le même droit, car le droit de chacun implique le droit de tous, et de plus le droit de chacun a besoin pour s'exercer du concours de tous.

Art. 7. Dans une société bien organisée, la Propriété

est le droit d'user d'une chose déterminée de la façon que la loi, faite par tous et pour tous, détermine.

Art. 8. Dans une société bien organisée, la Famille est toujours la manifestation d'une union constante révélée à la société par le mariage.

Art. 9. Dans une société bien organisée, la Patrie ou Cité est une république; elle comprend tous les êtres humains, sans distinction; elle a pour dogme et pour but la Liberté, la Fraternité, l'Égalité.

CHAPITRE II.

Définition de la Société.

Nous venons de définir la Propriété, la Famille, la Patrie, ces trois besoins et ces trois droits de l'homme, et par conséquent de chaque homme. Définissons maintenant la Société.

Art. 10. L'homme a droit, et il ne vit pas sans la satisfaction de son droit; de là, pour lui, le devoir de travailler à cette satisfaction. Mais tous les hommes ont droit ensemble, et ne peuvent exercer leur droit les uns sans les autres; de là le devoir pour chacun de veiller à la satisfaction du droit de son semblable.

Art. 11. Le droit de mon semblable, en effet, est mon droit. Je proclame le sien en exerçant le mien. En proclamant son droit, j'accomplis mon devoir, qui n'est réellement que le respect du droit d'autrui. Et de même, en accomplissant mon devoir, je proclame le devoir d'autrui.

Art. 12. Le droit et le devoir de chacun sont donc identiques au droit et au devoir de tous. Au fond, le droit et le devoir répondent à une seule et même chose : le besoin et la satisfaction du besoin. Le respect de l'Humanité en nous crée le droit ; le respect de l'Humanité dans nos semblables crée le devoir.

Art. 13. De ces règles résulte pour les hommes la nécessité d'un travail, à la fois individuel et collectif, au moyen duquel ils doivent arriver, les uns par les autres, à la satisfaction de leurs besoins légitimes.

Art. 14. Dans ce travail à la fois individuel et collectif, l'homme se manifeste, d'une façon prédominante, ou comme activité, ou comme sentiment, ou comme connaissance. Il est ou Industriel, ou Artiste, ou Savant.

Art. 15. Le milieu social, ou la Société, doit être organisé de manière que l'Industrie, l'Art, la Science, manifestations du travail de l'homme, servent, de plus en plus, au développement progressif de chaque homme sous le triple aspect physique, moral, et intellectuel.

Art. 16. La Société est le milieu où sont assurés à la fois la procréation, le développement, et la vie normale des êtres humains.

Art. 17. La Société doit tendre, de plus en plus, à assurer chacun dans sa condition de Savant, d'Artiste, ou d'Industriel, à procurer à chacun, par le travail de chacun et de tous, la Propriété, la Famille, et la Cité.

CHAPITRE III.

De la Souveraineté.

Art. 18. La Souveraineté absolue n'appartient à personne sur la terre.

Art. 19. La Souveraineté est la puissance qui, de Dieu, descend dans l'esprit humain et se manifeste par le Peuple, c'est-à-dire par l'unité indivisible de tous les citoyens. Véritable image de Celui dont elle découle, la Souveraineté est triple et une, comme son divin auteur. Elle n'existe pas sans trois termes : Tous, Quelques Uns, Chacun.

Art. 20. Chacun, au nom de la raison individuelle et de la liberté de conscience, est souverain; car chaque homme a droit, le droit est dans chaque homme.

Art. 21. Tous, au nom de la foi et du consentement, sont souverains; car tous les hommes ont droit, le droit est dans l'union de tous les hommes.

Art. 22. Quelques Uns sont souverains; car ces quelques uns, ce sont ceux qui, à tous les moments de la durée, sont les plus éclairés, les plus aimants, ou les plus actifs : les initiateurs. En eux-mêmes, en tant qu'hommes particuliers ou individus, ils ne sont pas plus souverains que tous autres; mais en tant qu'ayant en eux plus d'amour, de science, ou d'activité, ils sont le vrai souverain. Car leur pensée, acceptée des autres hommes, incarnée dans Chacun, devient le lien entre Chacun et Tous, commande à Chacun et à Tous, est la raison de la Loi ordonnée par Tous et obéie de Chacun.

Art. 23. La Souveraineté, donc, c'est la Raison humaine, c'est la Parole, c'est le Verbe, pour employer le langage des théologiens. Cette Parole se fait Loi; mais à l'instant même où elle se fait Loi, elle est obligée de se soumettre sous cette forme à la Raison incarnée dans chaque homme. Alors la Raison de chacun, se faisant Parole à son tour, juge la Loi, et prononce en nous-mêmes; puis, par un second acte, sort de nous, et, convoquant la Raison chez les autres hommes intéressés comme nous à la Loi, s'efforce de les éclairer. Alors tous profèrent de nouveau la Loi, qui de nouveau vient se faire juger par la Raison de chacun; et ainsi de suite éternellement.

CHAPITRE IV.

Les trois déclarations des Droits de l'Homme et du Citoyen.

Nos pères, n'ayant pas distingué les trois termes indivisibles de la Souveraineté, comme nous venons de le faire, n'ont pu établir de constitution durable, faute d'avoir déterminé comment, de Chacun, la Souveraineté peut légitimement passer dans Tous, sans cesser de résider et d'agir dans Chacun.

De là les reproches que l'on a adressés à leur œuvre; mais cette œuvre, périssable dans sa forme, n'en est pas moins immortelle quant à l'esprit qui l'inspira.

Nous maintenons que les *Déclarations* de nos pères

sont vraies, et qu'elles doivent être conservées, non comme de simples monuments historiques, mais comme la base du droit républicain et la prophétie de l'avenir.

Le Peuple ne nous a pas envoyés pour détruire, mais bien pour perfectionner l'œuvre de nos pères.

En conséquence nous inscrivons religieusement ici les trois Déclarations faites au nom du Peuple Français, antérieurement à la nôtre, nous réservant uniquement de les éclaircir et de les concilier dans la Déclaration nouvelle que nous faisons en ce moment.

§ 1er. DÉCLARATION DE LA CONSTITUTION DE 1791.

Voici la déclaration du Législateur de 1791 :

Les hommes naissent et demeurent libres et égaux en droits. Les distinctions sociales ne peuvent être fondées que sur l'utilité commune.

Le but de toute association politique est la conservation des droits naturels et imprescriptibles de l'homme. Ces droits sont la liberté, la propriété, la sûreté, et la résistance à l'oppression.

Le principe de toute souveraineté réside essentiellement dans la nation ; nul corps, nul individu ne peut exercer d'autorité qui n'en émane expressément.

La liberté consiste à pouvoir faire tout ce qui ne nuit pas à autrui : ainsi l'exercice des droits naturels de chaque homme n'a de bornes que celles qui assurent aux autres membres de la société la jouissance de ces mêmes droits. Ces bornes ne peuvent être déterminées que par la loi.

La loi n'a le droit de défendre que les actions nuisibles à la société. Tout ce qui n'est pas défendu par la loi ne peut être empêché, et nul ne peut être contraint à faire ce qu'elle n'ordonne pas.

La loi est l'expression de la volonté générale. Tous les citoyens ont droit de concourir, personnellement ou par leurs représentants, à sa formation. Elle doit être la même pour tous, soit qu'elle protége, soit qu'elle punisse. Tous les citoyens, étant égaux à ses yeux, sont également admissibles à toutes dignités, places et emplois publics, selon leur capacité, et sans autre distinction que celle de leurs vertus et de leurs talents.

Nul homme ne peut être accusé, arrêté, ni détenu que dans les cas déterminés par la loi et selon les formes qu'elle a prescrites. Ceux qui sollicitent, expédient, exécutent ou font exécuter des ordres arbitraires, doivent être punis ; mais tout citoyen appelé ou saisi en vertu de la loi, doit obéir à l'instant ; il se rend coupable par la résistance.

La loi ne doit établir que des peines strictement et évidemment nécessaires, et nul ne peut être puni qu'en vertu d'une loi établie et promulguée antérieurement au délit, et légalement appliquée.

Tout homme étant présumé innocent jusqu'à ce qu'il ait été déclaré coupable, s'il est jugé indispensable de l'arrêter, toute rigueur qui ne serait pas nécessaire pour s'assurer de sa personne doit être sévèrement réprimée par la loi.

Nul ne doit être inquiété pour ses opinions, même religieuses, pourvu que leur manifestation ne trouble pas l'ordre public établi par la loi.

La libre communication des pensées et des opinions est un des droits les plus précieux de l'homme ; tout citoyen peut donc parler, écrire, imprimer librement, sauf à répondre de l'abus de cette liberté dans les cas déterminés par la loi.

La garantie des droits de l'homme et du citoyen nécessite une force publique ; cette force est donc instituée pour l'avantage de tous, et non pour l'utilité particulière de ceux auxquels elle est confiée.

Pour l'entretien de la force publique, et pour les dépenses d'administration, une contribution commune est indispensable ; elle doit être également répartie entre tous les citoyens, en raison de leurs facultés.

Tous les citoyens ont le droit de constater, par eux-mêmes ou par leurs représentants, la nécessité de la contribution publique, de la consentir librement, d'en suivre l'emploi, et d'en déterminer la quotité, l'assiette, le recouvrement et la durée.

La société a le droit de demander compte à tout agent public de son administration.

Toute société dans laquelle la garantie des droits n'est pas assurée, ni la séparation des pouvoirs déterminée, n'a point de constitution.

La propriété étant un droit inviolable et sacré, nul ne peut en être privé, si ce n'est lorsque la nécessité publique, légalement constatée, l'exige évidemment, et sous la condition d'une juste et préalable indemnité.

L'Assemblée nationale voulant établir la constitution française sur les principes qu'elle vient de reconnaître et de déclarer, abolit irrévocablement les institutions qui blessaient la liberté et l'égalité des droits.

Il n'y a plus ni noblesse, ni pairie, ni distinctions héréditaires, ni distinctions d'ordre, ni régime féodal, ni justices patrimoniales, ni aucun des titres, dénominations et prérogatives qui en dérivaient, ni aucun ordre de chevalerie, ni aucune des corporations ou décorations pour lesquelles on exigeait des preuves de noblesse, ou qui supposaient des distinctions de naissance, ni aucune autre supériorité que celle des fonctionnaires publics dans l'exercice de leurs fonctions.

Il n'y a plus ni vénalité, ni hérédité d'aucun office public.

Il n'y a plus, pour aucune partie de la nation ni pour aucun individu, aucun privilége ni exception au droit commun de tous les Français.

Il n'y a plus ni jurandes, ni corporations de professions, arts et métiers.

La loi ne reconnaît plus ni vœux religieux, ni aucun autre engagement qui serait contraire aux droits naturels ou à la constitution.

La constitution garantit, comme droits naturels et civils,

1° Que tous les citoyens sont admissibles aux places et emplois, sans autre distinction que celle des vertus et des talents ;

2° Que toutes les contributions seront réparties entre tous les citoyens également en proportion de leurs facultés ;

3° Que les mêmes délits seront punis des mêmes peines, sans aucune distinction des personnes.

La constitution garantit pareillement, comme droits naturels et civils,

La liberté à tout homme d'aller, de rester, de partir, sans pouvoir être arrêté, ni détenu, que selon les formes déterminées par la constitution ;

La liberté à tout homme de parler, d'écrire, d'imprimer et de publier ses pensées, sans que ses écrits puissent être soumis à aucune censure ni inspection avant leur publication, et d'exercer le culte religieux auquel il est attaché ;

La liberté aux citoyens de s'assembler paisiblement et sans armes, en satisfaisant aux lois de police ;

La liberté d'adresser aux autorités constituées des pétitions signées individuellement.

Le pouvoir législatif ne pourra faire aucunes lois qui portent atteinte et mettent obstacle à l'exercice des droits naturels et civils consignés dans le présent titre, et garantis par la constitution ; mais comme la liberté ne consiste qu'à pouvoir faire tout ce qui ne nuit ni aux droits d'autrui ni à la sûreté publique, la loi peut établir des peines contre les actes qui, attaquant ou la sûreté publique ou les droits d'autrui, seraient nuisibles à la société.

La constitution garantit l'inviolabilité des propriétés, ou la juste et préalable indemnité de celles dont la nécessité publique, légalement constatée, exigerait le sacrifice.

Les biens destinés aux dépenses du culte et à tous services d'utilité publique appartiennent à la nation et sont dans tous les temps à sa disposition.

La constitution garantit les aliénations qui ont été ou qui seront faites suivant les formes établies par la loi.

Les citoyens ont le droit d'élire ou de choisir les ministres de leurs cultes.

Il sera créé et organisé un établissement général de *secours publics*, pour élever les enfants abandonnés, soulager les pauvres infirmes, et fournir du travail aux pauvres valides qui n'auraient pas pu s'en procurer.

Il sera créé et organisé une *instruction publique* commune à tous les citoyens, gratuite à l'égard des parties d'enseignement indispensables pour tous les hommes, et dont les établissements seront distribués graduellement, dans un rapport combiné avec la division du royaume.

Il sera établi des fêtes nationales pour conserver le souvenir de la Révolution Française, entretenir la fraternité entre les citoyens, et les attacher à la constitution, à la patrie et aux lois.

Il sera fait un Code de lois civiles communes à tout le royaume.

§ 2. Déclaration de la Constitution de 1793.

Voici la déclaration du Législateur de 1793 :

Le but de la société est le bonheur commun.

Le gouvernement est institué pour garantir à l'homme la jouissance de ses droits naturels et imprescriptibles.

Ces droits sont l'égalité, la liberté, la sûreté, la propriété.

Tous les hommes sont égaux par la nature et devant la loi.

La loi est l'expression libre et solennelle de la volonté générale; elle est la même pour tous, soit qu'elle protège, soit qu'elle punisse; elle ne peut ordonner que ce qui est juste et utile à la société; elle ne peut défendre que ce qui lui est nuisible.

Tous les citoyens sont également admissibles aux emplois publics. Les peuples libres ne connaissent d'autres motifs de préférence, dans leurs élections, que les vertus et les talents.

La liberté est le pouvoir qui appartient à l'homme de faire tout ce qui ne nuit pas aux droits d'autrui : elle a pour principe la nature; pour règle, la justice; pour sauvegarde, la loi. Sa limite morale est dans cette maxime : *Ne fais pas à un autre ce que tu ne veux pas qui te soit fait.*

Le droit de manifester sa pensée et ses opinions, soit par la voie de la presse, soit de toute autre manière, le droit de s'assembler paisiblement, le libre exercice des cultes, ne peuvent être interdits.

La nécessité d'énoncer ses droits suppose ou la présence ou le souvenir récent du despotisme.

La sûreté consiste dans la protection accordée par la société à chacun de ses membres, pour la conservation de sa personne, de ses droits et de ses propriétés.

La loi doit protéger la liberté publique et individuelle contre l'oppression de ceux qui gouvernent.

Nul ne doit être accusé, arrêté, ni détenu; que dans les cas déterminés par la loi et selon les formes qu'elle a prescrites. Tout citoyen appelé ou saisi par l'autorité de la loi, doit obéir à l'instant; il se rend coupable par la résistance.

Tout acte exercé contre un homme hors des cas et sans les formes que la loi détermine, est arbitraire et tyrannique; celui contre lequel on voudrait l'exécuter par la violence a le droit de le repousser par la force.

Ceux qui solliciteraient, expédieraient, signeraient, exécuteraient ou feraient exécuter des actes arbitraires, sont coupables et doivent être punis.

Tout homme étant présumé innocent jusqu'à ce qu'il ait été déclaré coupable, s'il est jugé indispensable de l'arrêter, toute rigueur qui ne serait pas nécessaire pour s'assurer de sa personne doit être sévèrement réprimée par la loi.

Nul ne doit être jugé et puni qu'après avoir été entendu ou légalement appelé, et qu'en vertu d'une loi promulguée antérieurement au délit. La loi qui punirait des délits commis avant qu'elle existât serait une tyrannie; l'effet rétroactif donné à la loi serait un crime.

La loi ne doit décerner que des peines strictement et évidemment nécessaires ; les peines doivent être proportionnées au délit et utiles à la société.

Le droit de propriété est celui qui appartient à tout citoyen, de jouir et de disposer à son gré de ses biens, de ses revenus, du fruit de son travail et de son industrie.

Nul genre de travail, de culture, de commerce, ne peut être interdit à l'industrie des citoyens.

Tout homme peut engager ses services, son temps ; mais il ne peut se vendre ni être vendu : sa personne n'est pas une propriété aliénable. La loi ne connaît point de domesticité ; il ne peut exister qu'un engagement de soins et de reconnaissance entre l'homme qui travaille et celui qui l'emploie.

Nul ne peut être privé de la moindre portion de sa propriété, sans son consentement, si ce n'est lorsque la nécessité publique, légalement constatée, l'exige, et sous la condition d'une juste et préalable indemnité.

Nulle contribution ne peut être établie que pour l'utilité générale. Tous les citoyens ont droit de concourir à l'établissement des contributions, d'en surveiller l'emploi, et de s'en faire rendre compte.

Les secours publics sont une dette sacrée. La société doit la subsistance aux citoyens malheureux, soit en leur procurant du travail, soit en assurant les moyens d'exister à ceux qui sont hors d'état de travailler.

L'instruction est le besoin de tous. La société doit favoriser de tout son pouvoir les progrès de la raison publique, et mettre l'instruction à portée de tous les citoyens.

La garantie sociale consiste dans l'action de tous, pour assurer à chacun la jouissance et la conservation de ses droits : cette garantie repose sur la souveraineté nationale.

Elle ne peut exister, si les limites des fonctions publiques ne sont pas clairement déterminées par la loi, et si la responsabilité de tous les fonctionnaires n'est pas assurée.

La souveraineté réside dans le peuple : elle est une, indivisible. imprescriptible, et inaliénable.

Aucune portion du peuple ne peut exercer la puissance du peuple entier ; mais chaque section du souverain, assemblée, doit jouir du droit d'exprimer sa volonté avec une entière liberté.

Que tout individu qui usurperait la souveraineté soit à l'instant mis à mort par les hommes libres.

Un peuple a toujours le droit de revoir, de réformer et de changer sa constitution. Une génération ne peut assujettir à ses lois les générations futures.

Chaque citoyen a un droit égal de concourir à la formation de la loi et à la nomination de ses mandataires ou de ses agents.

Les fonctions publiques sont essentiellement temporaires ; elles ne peuvent être considérées comme des distinctions ni comme des récompenses, mais comme des devoirs.

Les délits des mandataires du peuple et de ses agents ne doivent jamais être impunis. Nul n'a le droit de se prétendre plus inviolable que les autres citoyens.

Le droit de présenter des pétitions aux dépositaires de l'autorité publique ne peut, en aucun cas, être interdit, suspendu, ni limité.

La résistance à l'oppression est la conséquence des autres droits de l'homme.

Il y a oppression contre le corps social, lorsqu'un seul de ses membres est opprimé ; il y a oppression contre chaque membre, lorsque le corps social est opprimé.

Quand le gouvernement viole les droits du peuple, l'insurrection est pour le peuple, et pour chaque portion du peuple, le plus sacré des droits et le plus indispensable des devoirs.

§ 3. Déclaration de la Constitution de l'an III.

Voici la déclaration du Législateur de l'an III :

Les droits de l'homme en société sont la liberté, l'égalité, la sûreté, la propriété.

La liberté consiste à pouvoir faire ce qui ne nuit pas aux droits d'autrui.

L'égalité consiste en ce que la loi est la même pour tous, soit qu'elle protège, soit qu'elle punisse.

L'égalité n'admet aucune distinction de naissance, aucune hérédité de pouvoirs.

La sûreté résulte du concours de tous pour assurer les droits de chacun.

La propriété est le droit de jouir et de disposer de ses biens, de ses revenus, du fruit de son travail et de son industrie.

La loi est la volonté générale exprimée par la majorité ou des citoyens ou de leurs représentants.

Ce qui n'est pas défendu par la loi ne peut être empêché. Nul ne peut être contraint à faire ce qu'elle n'ordonne pas.

Nul ne peut être appelé en justice, accusé, arrêté, ni détenu, que dans les cas déterminés par la loi, et selon les formes qu'elle a prescrites.

Ceux qui sollicitent, expédient, signent, exécutent, ou font exécuter des actes arbitraires, sont coupables et doivent être punis.

Toute rigueur qui ne serait pas nécessaire pour s'assurer de la personne d'un prévenu doit être sévèrement réprimée par la loi.

Nul ne peut être jugé qu'après avoir été entendu ou légalement appelé.

La loi ne doit décerner que des peines strictement nécessaires et proportionnées au délit.

Tout traitement qui aggrave la peine déterminée par la loi est un crime.

Aucune loi, ni criminelle ni civile, ne peut avoir d'effet rétroactif.

Tout homme peut engager son temps et ses services, mais il ne peut se vendre ni être vendu; sa personne n'est pas une propriété aliénable.

Toute contribution est établie pour l'utilité générale; elle doit être répartie entre les contribuables, en raison de leurs facultés.

La souveraineté réside essentiellement dans l'universalité des citoyens.

Nul individu, nulle réunion partielle de citoyens ne peut s'attribuer la souveraineté.

Nul ne peut, sans une délégation légale, exercer aucune autorité ni remplir aucune fonction publique.

Chaque citoyen a un droit égal de concourir, immédiatement ou médiatement, à la formation de la loi, à la nomination des représentants du peuple et des fonctionnaires publics.

Les fonctions publiques ne peuvent devenir la propriété de ceux qui les exercent.

La garantie sociale ne peut exister, si la division des pouvoirs n'est pas établie, si leurs limites ne sont pas fixées, et si la responsabilité des fonctionnaires publics n'est pas assurée.

La déclaration des droits contient les obligations des législateurs : le maintien de la société demande que ceux qui la composent connaissent et remplissent également leurs devoirs.

Tous les devoirs de l'homme et du citoyen dérivent de ces deux principes gravés par la nature dans tous les cœurs : *Ne faites pas à autrui ce que vous ne voudriez pas qu'on vous fît*, et *Faites aux autres ce que vous voudriez qui vous fût fait.*

Les obligations de chacun envers la société consistent à la défendre, à la servir, à vivre soumis aux lois, et à respecter ceux qui en sont les organes.

Nul n'est bon citoyen s'il n'est bon fils, bon père, bon frère, bon ami, bon époux.

Nul n'est homme de bien s'il n'est franchement et religieusement observateur des lois.

Celui qui viole ouvertement les lois se déclare en état de guerre avec la société.

Celui qui, sans enfreindre ouvertement les lois, les élude par ruse ou par adresse, blesse les intérêts de tous ; il se rend indigne de leur bienveillance et de leur estime.

C'est sur le maintien des propriétés que reposent la culture des terres, toutes les productions, tout moyen de travail, et tout l'ordre social.

Tout citoyen doit ses services à la patrie et au maintien de la liberté, de l'égalité et de la propriété, toutes les fois que la loi l'appelle à les défendre.

Quand on examine ces trois Déclarations, on trouve entre elles fort peu de différence; elles sont affirmatives sur les mêmes points. Mais la synthèse de la liberté et de l'égalité, celle du droit et du devoir, celle de la souveraineté de chacun et de la souveraineté de tous, n'y sont pas faites. Les principes généraux de liberté et d'égalité y sont souvent placés, sans aucune méthode, sur le même plan que les droits particuliers qui résultent de ces principes. En outre les mêmes libertés s'y trouvent souvent répétées sous des noms différents. On peut en juger par la nomenclature des droits reconnus par l'Assemblée Constituante, dans cet ordre :

L'égalité,

La liberté,

La propriété,

La sûreté,

La résistance à l'oppression,

La souveraineté dans la nation tout entière,

La loi expression de la volonté générale,

La liberté des opinions,

La libre communication des pensées,

L'admission de tous les citoyens à toutes les fonctions,

La liberté de parler, d'écrire, d'imprimer et de publier ses pensées,

La liberté de s'assembler,

La liberté de pétitionner,

La liberté religieuse,

La liberté des cultes,

Le droit à l'instruction,

La liberté de l'industrie.

Il nous est facile aujourd'hui de classer, conformément à la nature humaine mieux connue, ces différents droits.

CHAPITRE V.

Les neuf droits généraux de l'homme et du citoyen.

L'homme porte indivisiblement son triple besoin de Propriété, de Famille et de Patrie, dans tous les actes de sa vie. Et comment en serait-il autrement, puisque ces besoins constituent son être, et qu'il n'existe qu'avec ces besoins? Dans quelque rapport, au surplus, qu'il entre avec son espèce, soit avec un, soit avec plusieurs de ses semblables, soit avec tous, il est toujours triple et un, sensation, sentiment, connaissance, ensemble et indivisiblement.

L'homme ne peut pas s'isoler au point de n'être en communication avec aucun être humain ni avec aucune chose.

Sorti de son espèce par la famille, et de la famille par le mariage de l'homme et de la femme, il se met, par le mariage, en rapport avec son espèce, pour la reproduire; et cela donne lieu à un droit, le droit d'être uni à un être particulier à la fois semblable et différent de l'homme, la femme, l'égale et la compagne de l'homme. Or ce droit en engendre trois, savoir :

Le droit pour l'homme de vivre;
Le droit pour sa femme de vivre;
Le droit pour leurs enfants de vivre.

Appelons *propriété* le droit pour l'homme de vivre;

Appelons *famille* le droit de vivre que son union avec une femme conférerait à cette femme, si elle ne le possédait pas par elle-même et au même titre que lui;

Appelons *éducation* le droit de vivre que son union avec sa femme confère aux enfants provenant de cette union, droit qu'on ne peut d'ailleurs leur refuser, à moins de nier toute Divinité :

Il s'ensuivra trois droits de l'homme et du citoyen, sans lesquels il n'y a ni homme ni citoyen :

1° La propriété;
2° La famille;
3° L'éducation.

Mais l'homme ne se met pas seulement en rapport avec son espèce par la famille. Les familles humaines sont, par la volonté et la bonté divine, une grande famille, une espèce. La famille ne peut pas plus vivre seule et isolément que l'individu lui-même. L'homme ne peut donc exercer son droit à la famille sans exercer son droit de communier avec ses semblables, dans le milieu qui réunit toutes les familles, la Patrie.

Or il ne peut pas communiquer directement avec tous, pour peu que la nation soit nombreuse. Il a d'ailleurs droit et pouvoir de communiquer avec un nombre restreint, et choisi par lui, de ses semblables.

Il se met donc en rapport avec plusieurs de ses semblables.

Si c'est comme connaissance, cela donne lieu à un droit, liberté de conscience, liberté religieuse;

Si c'est comme sentiment, cela donne lieu à un droit, liberté d'association.

Si c'est comme activité, cela donne lieu à un droit, liberté de travailler ensemble , liberté d'industrie, liberté professionnelle.

Donc trois nouveaux droits de l'homme et du citoyen , sans lesquels il n'y a ni homme ni citoyen :

1° Liberté de conscience ,
2° Liberté d'association ,
3° Liberté d'industrie.

Mais des agglomérations de citoyens ou de familles de citoyens ont nécessairement besoin du concours de tous. Un groupe ne peut exister sans relation avec la nation tout entière.

L'homme donc se met en rapport avec le plus possible de ses semblables formant avec lui une nation, et hypothétiquement avec tous :

Si c'est par la connaissance , cela donne lieu pour lui et pour tous à un droit, liberté de communiquer ensemble par la pensée exprimée par la parole , liberté de la parole parlée et écrite , liberté de la presse ;

Si c'est par le sentiment, cela donne lieu pour lui, et pour tous par conséquent, à un droit, liberté de s'acclamer les uns les autres, de se donner leurs suffrages, liberté électorale , ou en général liberté des assemblées populaires ;

Si enfin c'est sans se communiquer comme intelligence ou sentiment, mais seulement en demandant secours et respect au nom de la nature humaine manifestée par son corps, que l'homme entre en rapport avec la nation tout entière, cela donne lieu à un droit, la liberté du corps pour ainsi dire, que les Anglais appellent avec raison de ce nom, et que nos pères, dans leurs constitutions, ont appelée sûreté.

Donc trois nouveaux droits de l'homme et du citoyen, sans lesquels il n'y a ni homme ni citoyen :

1º Liberté de la presse,
2º Liberté de réunion,
3º Sûreté personnelle.

Il y a donc neuf droits ou libertés de l'homme, et par conséquent de chaque homme.

En conséquence nous déclarons que voici les droits de l'homme et du citoyen :

1º Le droit de vivre ou la propriété,
2º La famille,
3º L'éducation,

4º La liberté de conscience,
5º La liberté d'association,
6º La liberté d'industrie,

7º La liberté de la presse,
8º La liberté des suffrages,
9º La sûreté personnelle.

CHAPITRE VI.

Les neuf devoirs généraux corrélatifs aux neuf droits du citoyen.

Ces trois beaux monuments de l'âme de nos pères qu'on appelle les trois *Déclarations des droits* se résument donc en ceci, que chaque homme ou, ce qui revient au même, chaque citoyen (car, dans la république, homme et citoyen sont identifiés) a les neuf droits que nous venons de désigner. Et comme le devoir de chaque citoyen est corrélatif à son droit, ou plutôt n'est que son droit tourné vers les autres, au lieu d'être tourné vers lui-même, il s'ensuit qu'en même temps qu'il a neuf droits, le citoyen a neuf devoirs, qui sont :

1° Le respect de la propriété; d'où suit pour le citoyen l'éloignement de toutes les cupidités et de toutes les intempérances qui nous excitent à violer chez les autres le droit à l'existence.

2° Le respect de la famille; d'où suit pour le citoyen le culte du véritable amour et le respect de la femme, la compagne et l'égale de l'homme.

3° La protection de l'enfance et de tous les êtres faibles, qui, généralisée, donne lieu à une grande mansuétude pour les défauts des autres, et nous engage, non pas à flatter ces défauts, mais à respecter la nature humaine même dans l'homme ignorant et vicieux, nous éloignant ainsi de tout esprit de supériorité aristocratique qui n'est qu'un misérable orgueil.

4° La tolérance, c'est-à-dire le respect de la liberté de

conscience dans les autres, afin que cette même liberté soit respectée en nous.

5° Le respect de la liberté d'association, afin qu'on la respecte en nous; d'où suit pour le citoyen la nécessité de développer en lui-même toutes les qualités aimables qui rendent possible l'association des hommes dans un but déterminé quelconque.

6° Le respect de la liberté d'industrie; d'où suit pour le citoyen le devoir de ne pas être, par rapport aux autres, un exploitateur, ce que d'ailleurs les autres ne toléreraient pas, et par conséquent la nécessité de développer en lui-même les dons qu'il a reçus de Dieu par la méditation, l'étude et le travail, de façon à bien remplir sa fonction dans l'atelier scientifique, artistique, ou industriel.

7° Le respect de la parole, soit parlée, soit écrite; d'où résulte pour le citoyen le respect de la vérité, et l'éloignement du mensonge, par la certitude que, la parole étant libre, soit dans les réunions civiques, soit dans la presse, la vérité triomphera toujours du mensonge; d'où résulte encore le besoin pour le citoyen d'être pur et moral, afin que sa parole, mise dans la balance avec celle des autres, qui est libre au même titre que la sienne, ait de la valeur et du poids.

8° Le respect de la liberté des suffrages; d'où résulte pour le citoyen la nécessité de pratiquer toute les vertus et de remplir exactement les neuf devoirs corrélatifs aux neuf droits, puisqu'il est évident que, la liberté des suffrages étant respectée, les hommes, par intérêt même, s'attacheront à choisir les plus vertueux.

9° Enfin le respect de la personne humaine dans les autres, afin d'être respecté au même titre, ce qui éloigne les attentats de tout genre contre les personnes.

La pratique de ces neuf devoirs constitue la moralité.

La manifestation des qualités conformes à ces devoirs constitue la seule vraie supériorité qui doive exister désormais parmi les hommes.

L'infraction à ces devoirs donne lieu, par rapport à la société, aux crimes et aux délits et, par rapport à nous-mêmes, au péché.

Toutes les antinomies qu'on a prétendu établir comme absolues entre l'égoïsme et le dévouement, entre l'intérêt personnel et l'intérêt collectif, n'existent donc point. Il n'y a pas opposition entre l'intérêt de chacun et l'intérêt général. Au contraire, l'intérêt général est identiquement l'intérêt de chacun dans la république.

De là il suit que la république bien pratiquée est le type de la vie morale et le moyen de notre perfectionne-ment.

III

RECONNAISSANCE

DE

LA SOUVERAINETÉ.

Que tous donc, pour se protéger eux-mêmes dans leurs droits et leurs libertés, créent l'État, leur représentation, par le suffrage universel et direct ; mais qu'ils conservent en même temps le droit de proposition et le droit de délibération.

Tout citoyen, en effet, peut dire :

La loi est ma loi à condition que je puisse en demander la réforme, si elle ne me paraît pas juste. Je puis la tolérer et m'y assujettir à cette condition, parce que je me sens plus fort que l'injustice et plus durable qu'elle, pourvu que je puisse m'entendre avec les autres hommes, qui ont la même nature et par conséquent les mêmes intérêts que moi ; sinon, non.

Or, comment puis-je m'entendre avec les autres hommes pour faire réformer la loi que nous faisons tous ensemble ?

Par la parole parlée et par la parole écrite.

La parole parlée dans ce cas s'appelle club, la parole écrite s'appelle presse.

Donc la liberté des clubs et la liberté de la presse sont

le contre-poids nécessaire de la loi dans un pays républicain.

Donc la souveraineté politique, qui est inaliénable dans chacun en même temps qu'elle se manifeste par les décisions de tous, engendre trois termes nécessaires :

1° Le droit de proposition et de protestation pour chacun,

2° La liberté de la presse et des réunions populaires,

3° L'État.

De même donc que les publicistes ont distingué jusqu'ici trois pouvoirs dans l'État, de même il faut distinguer trois pouvoirs dans la Souveraineté.

Et de même que les trois pouvoirs qui constituent l'État doivent être unis, de même les trois pouvoirs qui constituent la Souveraineté doivent s'accorder, sans quoi il y a despotisme ou anarchie.

C'est pourquoi nos pères avaient écrit dans leurs constitutions le droit d'insurrection.

Plus heureux que nos pères, avancés par leurs travaux et par leurs souffrances, le Législateur immortel, comme nos pères appelaient Dieu, nous permet aujourd'hui de constituer l'État de telle façon qu'il soit impossible qu'il ne s'harmonise pas avec les deux autres pouvoirs que nous reconnaissons dans la Souveraineté.

IV

DÉCRET CONSTITUTIONNEL.

ORGANISATION DE L'ÉTAT.

Omnia in mensura, et numero, et pondere,
disposuit Deus.

(*Sap.* XI, 21.)

L'Assemblée Nationale, considérant qu'il existe dans la connaissance humaine un principe qui n'est autre que la loi même de la vie, principe enseigné par toutes les grandes religions et toutes les grandes philosophies sous le nom de Trinité, reconnu sous la forme de la Foi par l'immense majorité des hommes qui peuplent l'univers, et en particulier par la majorité des Européens et par la majorité des Français ;

Que ce principe, bien qu'il n'ait jamais été appliqué avec délibération aux constitutions politiques, n'en est pas moins visible dans toutes les constitutions dont nous admirons la durée, et que c'est à lui que l'on doit rapporter cette durée ;

Considérant en outre que la connaissance de ce principe nous fait un devoir de l'appliquer ;

Voulant substituer la lumière de la raison à un aveugle empirisme, le consentement à l'obéissance, la liberté à l'esclavage ;

Décrète que la Constitution politique de la République sera organisée d'après ce principe, afin de mettre cette Constitution en rapport avec la loi même de la vie, de la

rendre rationnelle et inattaquable, et d'anéantir par là,
dans leur germe, les ambitions qui tendraient à la détruire.

En conséquence, les **TROIS POUVOIRS** désignés jusqu'ici sous les noms de *Pouvoir législatif*, *Pouvoir
exécutif*, et *Pouvoir judiciaire*, seront concentrés avec
distinction, mais sans séparation essentielle, dans le
Corps un et triple à la fois de la REPRÉSENTATION
NATIONALE, ainsi qu'il va être dit.

CHAPITRE I.

Mode d'élection de la Représentation nationale.

ARTICLE 1ᵉʳ. En vertu du principe de la Souveraineté
de Chacun manifestée par Tous, le Peuple tout entier
crée, par un seul acte, sa propre REPRÉSENTATION.
Quand il l'a créée, l'État est constitué pour trois ans, et
le droit de chacun à faire partie de l'État est suspendu
jusqu'au moment où une nouvelle élection a lieu.

ART. 2. Le Peuple crée sa REPRÉSENTATION ainsi qu'il
suit.

Il la compose de Savants, d'Artistes et d'Industriels,
de façon à donner lieu

A un CORPS JUDICIAIRE OU SCIENTIFIQUE,

A un CORPS LÉGISLATIF,

Et à un CORPS EXÉCUTIF

Art. 3. Chacun de ces Corps sera composé de trois cents citoyens élus directement par le Peuple tous les trois ans, dans le cours de neuf semaines à partir du 1ᵉʳ janvier.

Art. 4. A cet effet, trois mois avant l'élection, le 1ᵉʳ octobre, la GÉRANCE NATIONALE, dont la nature et les attributions seront déterminées ci-après, désigne une commission de neuf citoyens chargés de recevoir et de publier les candidatures.

Ces neuf citoyens seront pris dans la Représentation Nationale en exercice, trois dans le Corps Judiciaire, trois dans le Corps Législatif, trois dans le Corps Exécutif.

Art. 5. Trois jours après sa nomination, cette commission adressera, par l'intermédiaire du ministère de l'intérieur, à toutes les Communes, le Tableau encyclopédique de toutes les Professions, en les rapportant aux diverses catégories des Sciences, des Arts, et des Industries.

Ce tableau contiendra trois catégories pour les Sciences, trois catégories pour les Arts, trois catégories pour les Industries; en tout neuf catégories sous lesquelles seront rangées toutes les Professions.

Toutes les sciences, en effet, se rangent en trois catégories; 1º les Sciences Mathématiques et Physiques; 2º les Sciences Morales, et 3º les Sciences Naturelles. De là la possibilité de rapporter toutes les professions savantes sans exception aux neuf groupes suivants :

SAVANTS.

	1ʳᵉ SECTION.	2ᵉ SECTION.	3ᵉ SECTION.
1ʳᵉ catégorie. . .	Mathématiciens.	Physiciens.	Chimistes.
2ᵉ catégorie. . .	Métaphysiciens.	Moralistes.	Économistes.
3ᵉ catégorie. . .	Anatomistes.	Médecins.	Naturalistes.

De même tous les Arts se rangent en trois catégories :
1º les Arts Plastiques ou du Dessin; 2º les Arts de la Parole; et 3º les Arts du Geste et du Chant. De là la possibilité de rapporter toutes les professions artistiques sans exception aux neuf groupes suivants :

ARTISTES.

	1ʳᵉ SECTION.	2ᵉ SECTION.	3ᵉ SECTION.
1ʳᵉ *catégorie*. . .	Architectes.	Peintres.	Sculpteurs.
2ᵉ *catégorie*. . .	Littérateurs.	Poëtes.	Historiens.
3ᵉ *catégorie*. . .	Acteurs.	Musiciens.	Gymnastes.

Enfin, toutes les Industries se rangent semblablement en trois catégories: 1º la Production première, ou l'Agriculture entendue dans le sens le plus général, 2º l'Échange des produits, ou le Commerce, et 3º la Production seconde, ou l'Industrie proprement dite. De là la possibilité de rapporter toutes les professions industrielles sans exception aux neuf groupes suivants :

INDUSTRIELS.

	1ʳᵉ SECTION.	2ᵉ SECTION.	3ᵉ SECTION.
1ʳᵉ *catégorie*.	Ingénieurs.	Viateurs (1).	Agriculteurs.
2ᵉ *catégorie*.	Banquiers.	Négociants.	Commerçants.
3ᵉ *catégorie*.	Mécaniciens.	Manufacturiers.	Usiniers.

ART. 6. Tous les citoyens qui aspireront à l'honneur de représenter le Peuple adresseront leurs titres à la Commission dans le délai d'un mois, en désignant la catégorie et, dans la catégorie, la section scientifique, artistique, ou industrielle, pour lesquelles ils se présentent à l'élection.

(1) Nous désignons par ce mot les industriels de tous les modes de locomotion et de transport, navigateurs, rouliers, etc.

Art. 7. La Commission dressera, par ordre alphabétique, le Tableau de toutes les Candidatures.

Ce Tableau se composera de neuf Listes distinctes.

Art. 8. La première Liste comprendra tous les candidats qui se seront présentés à titre de savants, appartenant par leur profession ou, indépendamment de toute profession, par leurs études et leurs connaissances, à la première section de l'une des trois catégories scientifiques. Cette première liste se composera donc de Mathématiciens, de Métaphysiciens, et d'Anatomistes.

Art. 9. La deuxième Liste comprendra tous les candidats qui se seront présentés à titre d'Artistes appartenant par leur profession ou, indépendamment de toute profession, par leurs dons naturels ou acquis, à la première section de l'une ou l'autre des trois catégories artistiques. Cette deuxième Liste se composera donc d'Architectes, de Littérateurs, et d'Artistes dramatiques.

Art. 10. La troisième Liste réunira tous les candidats qui se seront offerts à titre d'Industriels, appartenant par leur profession ou par leurs connaissances à la première section de l'une ou l'autre des trois catégories industrielles. Cette troisième Liste se composera donc d'Ingénieurs civils et militaires, de Banquiers, et d'Industriels des différents Métiers ou Arts mécaniques.

Art. 11. La quatrième Liste comprendra tous les candidats qui se seront présentés pour la seconde section de l'une ou l'autre des catégories scientifiques, c'est-à-dire à titre de Physiciens, de Moralistes, de Médecins.

Art. 12. La cinquième, ceux qui se seront offerts pour la seconde section de l'une des trois catégories de l'art, savoir comme Peintres, Poëtes, ou Musiciens.

Art. 13. La sixième, ceux qui appartiendront à la seconde section de l'une des trois catégories de l'industrie, les Navigateurs et Ouvriers de tous les modes de Locomotion, les Négociants, et les Industriels des Manufactures.

Art. 14. La septième Liste comprendra tous les candidats qui se seront présentés pour la troisième section de l'une ou l'autre des catégories scientifiques, c'est-à-dire à titre de Chimistes, d'Économistes, de Naturalistes.

Art. 15. La huitième, ceux qui se seront offerts pour la troisième section de l'une des trois catégories de l'art, savoir comme Sculpteurs, Historiens, et Gymnastes.

Art. 16. La neuvième, ceux qui appartiendront à la troisième section de l'une des trois catégories de l'industrie, les Agriculteurs, les Commerçants, les Industriels des Usines.

Art. 17. Chacune de ces neuf Listes sera accompagnée d'un Appendice contenant les professions de foi qui auront été déposées par les candidats.

Art. 18. Ces Listes et leurs Appendices devront être parvenues dans toutes les Communes de la République le 1er décembre. Elles seront déposées dans les mairies, où chacun pourra en prendre connaissance.

Art. 19. La Commission, demeurant en fonctions, recevra les déclarations des candidats qui renonceraient à la candidature; elle recevra avis des décès qui pourraient survenir parmi les candidats; et elle transmettra le tout à toutes les municipalités avant le 1ᵉʳ janvier.

ART. 20. Le Peuple, convoqué aux élections par le ministre de l'intérieur et par les administrations municipales, ou y procédant de lui-même et sans convocation, si les administrations municipales ou les Fonctionnaires de l'État manquaient à le convoquer, exercera librement son droit, de semaine en semaine, chaque dimanche, à partir du mois de janvier.

ART. 21. Le premier dimanche de janvier, tous les électeurs réunis dans chaque Commune choisiront cent citoyens parmi les candidats inscrits dans la première Liste.

ART. 22. Dans le délai de trois jours, les votes de chaque Commune seront transmis directement au Chef-Lieu de département, et dépouillés en séance publique. Dans le délai de six jours à partir de l'élection, les votes des Départements seront envoyés à Paris, où se fera, en séance publique, le dépouillement général; après quoi, la Commission de candidature proclamera les noms des cent citoyens qui auront obtenu la majorité relative des suffrages dans toute la France. Cette proclamation aura lieu le dimanche, septième jour après l'élection. Ainsi sera formée la première Section du Corps Judiciaire ou Scientifique.

ART. 23. Le second dimanche de janvier, tous les électeurs réunis dans chaque commune choisiront cent citoyens parmi les candidats inscrits sur la deuxième liste. Le dépouillement des votes et la proclamation du résultat du scrutin se feront d'après le mode et suivant les délais indiqués dans l'article précédent. Ainsi sera formée la deuxième Section du Corps Judiciaire.

Art. 24. Le troisième dimanche de janvier, tous les électeurs réunis dans chaque Commune choisiront cent citoyens parmi les candidats inscrits sur la troisième Liste. Le dépouillement et la proclamation du résultat du scrutin auront lieu, comme il est dit en l'article 22. Ainsi sera formée la troisième Section du Corps Judiciaire.

Art. 25. Les quatrième, cinquième et sixième dimanches de l'année seront consacrés à la formation des trois Sections du Corps Législatif, en suivant la marche indiquée dans les articles 21 et suivants.

Art. 26. Les septième, huitième et neuvième dimanches de l'année seront consacrés à la formation des trois Sections du Corps Exécutif, en suivant la marche indiquée dans les articles 21 et suivants.

Art. 27. La Commission de candidature, en proclamant, le dixième dimanche de l'année, les noms des membres de la troisième Section du Corps Exécutif, fera proclamer de nouveau, avec solennité, les noms des neuf cents citoyens élus pour composer l'État, ou la Représentation Nationale, dans son unité et dans ses trois fonctions.

Art. 28. Les élus se rendront le dimanche suivant,

onzième dimanche de l'année, dans le Palais de la Représentation Nationale.

Art. 29. Leur premier acte sera de se réunir par Sections, à l'effet de vérifier leurs pouvoirs. Cette vérification faite, chaque Section élira un président et trois secrétaires.

Art 50. Chaque Section, ou Chambre, étant ainsi constituée, la réunion des membres du Corps Judiciaire, du Corps Législatif, et du Corps Exécutif, pourra avoir lieu, isolément pour chaque Corps.

Le président de la première Chambre du Corps Judiciaire, assisté des présidents des deux autres Chambres, présidera ce Corps dans ses réunions.

Il en sera de même pour le Corps Législatif, qui sera présidé par le président de sa première Chambre, assisté de ceux des deux autres.

Il en sera de même aussi pour le Corps Exécutif, qui sera présidé par le président de sa première Chambre, assisté de ceux des deux autres.

Les secrétaires des trois Sections de chaque Corps, réunis au nombre de neuf, formeront avec les trois présidents le Bureau de chaque Corps.

Art. 31. Chacun des trois Corps de la Représentation Nationale étant ainsi constitué, ces Corps s'en donneront avis réciproque, et en donneront avis à la Gérance Nationale nommée par la Représentation précédente, et encore en exercice. Alors aura lieu une séance de réunion des trois Corps. Cette séance sera présidée par les trois premiers présidents des trois Corps, assistés des autres présidents de Chambres. Les secrétaires des trois Corps, au nombre de vingt-sept, formeront, avec les neuf présidents, le Bureau de la Représentation Nationale ainsi réunie dans sa totalité.

Le jour de cette séance solennelle, la Gérance Nationale pour la durée de la précédente Représentation se rendra au Palais de la Représentation Nationale, assistée des neuf ministres encore en fonctions, et viendra, au nom de la Représentation précédente, déposer tous pouvoirs, et rendre compte des travaux de cette précédente Représentation.

Art. 52. Immédiatement après, les trois Corps se sépareront, et, se formant en Corps Judiciaire, en Corps Législatif, et en Corps Exécutif, isolément les uns des autres, nommeront chacun un de leurs membres pour former la nouvelle Gérance Nationale.

CHAPITRE II.

Attributions respectives des trois corps de la Représentation nationale.

Art. 33. En conséquence du mode d'élection que nous venons de déterminer, les TROIS CORPS de la REPRÉSENTATION NATIONALE se trouveront naturellement composés ainsi qu'il suit :

CORPS JUDICIAIRE OU SCIENTIFIQUE.

Trois Chambres.

1re CHAMBRE.	2e CHAMBRE.	3e CHAMBRE.
Mathématiciens.	Architectes.	Ingénieurs.
Métaphysiciens.	Littérateurs.	Banquiers.
Anatomistes.	Artistes dramatiques.	Mécaniciens.

CORPS LÉGISLATIF.

Trois Chambres.

1re CHAMBRE.	2e CHAMBRE.	3e CHAMBRE.
Physiciens.	Peintres.	Viateurs.
Moralistes.	Poètes.	Négociants.
Médecins.	Musiciens.	Manufacturiers.

CORPS EXÉCUTIF.

Trois Chambres.

1re CHAMBRE.	2e CHAMBRE.	3e CHAMBRE.
Chimistes.	Sculpteurs.	Agriculteurs.
Économistes.	Historiens.	Commerçants.
Naturalistes.	Gymnastes.	Usiniers.

Chaque Corps, étant ainsi composé, réunit dans son sein, avec des prédominances différentes, l'expression de la Science, de l'Art, et de l'Industrie.

Chaque Corps, étant ainsi composé, se prête, ainsi qu'il va être dit, à trois modes de fonctionner, dans chacun desquels cette triple expression de la Science, de l'Art, et de l'Industrie, se retrouve, et permet que le Jugement, la Loi, et l'Exécution de la loi, soient considérés sous les trois aspects sans lesquels il n'y a ni bon jugement, ni bonne loi, ni bonne exécution de la loi.

Les trois modes de fonctionner de chaque Corps sont:

1° En Corps, les trois Sections réunies;

2° En Chambres ou Sections;

3° En Comités.

CORPS JUDICIAIRE OU SCIENTIFIQUE.

Art. 34. Le Corps Judiciaire ou Scientifique est divisé, comme il a été dit, en trois Sections, occupant, dans le palais où siège le Corps, des chambres séparées.

Art. 35. Chaque Section nomme son président particulier, qui prend le nom de président de Chambre. Les trois présidents élus forment la présidence de tout le Corps. Le président de la première Chambre manifeste, par rapport au Corps tout entier, l'opinion de la présidence. Il a, dans les réunions du Corps, la direction de la discussion et des débats.

Les présidents de Chambres du Corps judiciaire sont nommés pour trois mois, et sont rééligibles.

Art. 36. Le Corps Judiciaire ou Scientifique réunit en lui les attributions d'Institut, de Cour Suprême ou Cour de Cassation, et d'Université, ou haute direction de l'enseignement.

Art. 37. Les membres du Corps Judiciaire ou Scientifique, toutes les Sections réunies, choisiront parmi eux ceux qui, s'étant occupés spécialement de la science pure, formeront l'Institut, chargé de communiquer avec toutes les académies libres et les sociétés scientifiques de tout genre répandues sur le territoire de la France, ainsi qu'avec celles des pays étrangers, pour le plus grand progrès de toutes les connaissances humaines.

Art. 38. Les membres du Corps Judiciaire ou Scientifique, toutes les Sections réunies, choisiront parmi eux ceux qui, s'étant spécialement occupés de la science du droit, devront composer habituellement, comme délégués de tout le Corps, la Cour ou Tribunal de Cassation.

Art. 39. Les membres du Corps Judiciaire ou Scientifique, toutes les Sections réunies, choisiront parmi eux
ceux qui auront spécialement et par délégation la direction de l'enseignement public.

Art. 40. L'Institut, la Cour de Cassation, et l'Université, une fois ainsi formés, organiseront particulièrement
leurs travaux, mais de manière qu'ils ne puissent con-
trarier les travaux que tout le Corps doit accomplir collectivement.

Art. 41. Les membres composant la Cour de Cassation
ou l'Université demeureront chargés de leurs fonctions
pendant les trois années de la durée de la Représentation,
et en outre jusqu'à ce qu'ils soient remplacés par d'autres
membres du Corps Judiciaire ou Scientifique nouvelle-
ment élu.

Art. 42. Chaque Section du Corps Judiciaire ou Scientifique se divise en trois Comités; ce qui donne neuf Comités pour tout le Corps. Ces Comités, occupés théoriquement du progrès matériel, moral et intellectuel de la
société, sont répartis ainsi qu'il suit:

COMITÉS DU CORPS JUDICIAIRE OU SCIENTIFIQUE.

1re SECTION.	2e SECTION.	3e SECTION.
1er *comité.* Religion.	Droit international.	Droit administratif.
2e *comité.* Morale.	Art et Éducation.	Économie politique.
3e *comité.* Droit.	Hygiène et Gymnastique.	Agriculture.

Art. 43. Le Corps Judiciaire ou Scientifique peut présenter des projets de lois à l'admission du Corps Législatif,
en se conformant aux dispositions de l'article 70.

Art. 44. Chaque fois qu'un des membres ou un des
Comités du Corps Judiciaire ou Scientifique croira utile

qu'un projet de loi soit présenté au Corps Législatif, il demandera et obtiendra de la présidence de son Corps la réunion des trois Sections. Le projet sera alors examiné par tout le Corps, qui votera sur la question de savoir si le projet doit être présenté.

Art. 45. Les délibérations du Corps Judiciaire ou Scientifique pourront être secrètes, excepté celles qui auront lieu toutes les Sections réunies, ou celles qui concernent spécialement la Cour de Cassation.

CORPS LÉGISLATIF.

Art. 46. Le Corps Législatif est divisé, comme il a été dit, en trois Sections occupant, suivant les cas, dans le palais où siège le Corps, des chambres séparées ou une chambre commune.

Art. 47. Chaque Section nomme un président particulier qui prend le nom de président de Chambre. Les trois présidents élus forment la présidence de tout le Corps. Le président de la première Chambre manifeste, par rapport au Corps tout entier, l'opinion de la présidence. Il a, dans les réunions du Corps, la direction des discussions et des débats.

Les président de Chambres du Corps Législatif sont nommés pour trois mois et sont rééligibles.

Art. 48. Au Corps Législatif seul appartient le droit de faire des lois.

Il vote le budget, il peut modifier la Constitution. La Constitution ne peut être modifiée que tous les trois ans, et seulement durant le premier mois de la législature.

Art. 49. Tous les membres du Corps Législatif ont le droit d'initiative pour les projets de lois.

Art. 50. Le Corps Législatif travaille ou par Sections séparées, ou toutes les Sections réunies, ou par Comités. A cet effet les trois Sections du Corps Législatif se sous-divisent chacune en trois Comités; ce qui donne pour ce Corps neuf Comités correspondants à ceux du Corps Judiciaire, et portant les mêmes noms, qu'il est par conséquent inutile de répéter ici.

Art. 51. Aucun projet de loi ne pourra être voté définitivement, s'il n'a été préalablement examiné et discuté par chacune des Sections séparément.

Art. 52. Tout projet de loi, après avoir été examiné et discuté par chacune des Sections du Corps Législatif, sera examiné et discuté par toutes les Sections réunies; et tout le Corps votera sur le projet.

Art. 53. Lorsque le Corps Législatif aura voté une loi, cette loi, revêtue de la signature des trois présidents du Corps, sera portée par un message à la Gérance Nationale, qui demeurera chargée de sa promulgation; cette promulgation aura lieu ainsi qu'il sera dit ci-après.

Art. 54. Les délibérations du Corps Législatif, soit par Sections séparées, soit toutes les Sections réunies, sont toujours publiques.

CORPS EXÉCUTIF.

Art. 55. Le Corps Exécutif est divisé en trois Sections occupant, dans le palais où siège ce Corps, des chambres séparées.

Art. 56. Chaque Section nomme son président particulier, lequel prend le nom de président de Chambre. Les trois présidents élus forment la présidence de tout le Corps. Le président de la première Chambre manifeste, par rapport au Corps tout entier, l'opinion de la présidence. Il a, dans les réunions du Corps, la direction de la discussion et des débats.

Les présidents de Chambres du Corps Exécutif sont nommés pour trois mois, et sont rééligibles.

Art. 57. Le Corps Exécutif travaille habituellement par Sections séparées et par Comités. Néanmoins, il devra déterminer, dans un règlement, les jours de la semaine où il pourra travailler toutes les Sections réunies, soit pour des cas prévus par la présente Constitution, soit pour tous autres cas où il s'occupera de l'administration générale de la République.

Art. 58. Le Corps Exécutif réunit en lui les attributions de Conseil d'Etat, de Tribunal Administratif, et de Cour des Comptes.

Art. 59. Le Corps Exécutif se forme en Tribunal Administratif et en Cour des Comptes par une délégation de ces fonctions à un certain nombre de ses membres, qui en demeurent spécialement chargés pendant et après la durée de la Représentation Nationale jusqu'à la nomination du nouveau Corps Exécutif.

Art. 60. Chaque Section du Corps Exécutif se divise en trois Comités, ce qui donne neuf Comités pour tout le Corps. Ces Comités, occupés des règlements d'administration publique, de contrôle et de surveillance générale, sont répartis ainsi qu'il suit :

COMITÉS DU CORPS EXÉCUTIF.

1re SECTION.	2e SECTION.	3e SECTION.
1re comité. Culte.	Relations extérieures.	Intérieur.
2e comité. Instruction.	Beaux-arts.	Échange ou commerce.
3e comité. Justice.	Guerre.	Agriculture.

ART. 61. La nomination et la destitution des Ministres appartient exclusivement au Corps Exécutif. Il ne peut les prendre que dans son sein; il ne peut les nommer ou les destituer que toutes les Sections réunies.

ART. 62. Conformément à l'établissement des Comités dont il est parlé dans l'article 60, le ministre des cultes, celui de l'instruction publique, et celui de la justice ne peuvent être pris que parmi les membres de la première Section du Corps Exécutif; le ministre des relations extérieures, celui des beaux-arts, celui de la guerre, parmi les membres de la seconde; le ministre de l'intérieur, celui du commerce, et celui de l'agriculture, parmi les membres de la troisième.

ART. 63. Lorsque le Corps Exécutif nomme ou destitue un ministre, il fait part de cette nomination ou de cette destitution à la Gérance Nationale, par un message portant une déclaration revêtue de la signature des trois présidents du Corps.

Immédiatement après cette déclaration, les trois présidents du Corps Exécutif rendent une ordonnance déclarative de la nomination ou de la destitution faite. La publication de cette ordonnance est confiée à un ministre.

ART. 64. La nomination à tous les emplois de l'ordre

universitaire, administratif, judiciaire, militaire, ou di-
plomatique, appartient aux différents ministres, sous la
direction du Corps Exécutif.

Art. 65. Le commandement des armées de terre et de
mer appartient au Corps Exécutif par l'intermédiaire du
Comité et du ministre de la guerre.

Art. 66. Les délibérations du Corps Exécutif, soit en
Sections séparées ou en Comités, soit toutes les Sections
réunies, sont toujours secrètes.

CHAPITRE III.

Attributions de la Gérance nationale.

Art. 67. La Gérance Nationale établit le lien entre les
trois Corps de la Représentation du Peuple. Elle est élue
tous les trois ans, de la façon indiquée dans l'art. 32. Les
mêmes citoyens peuvent être réélus trois fois.

Art. 68. Aucune communication ne peut avoir lieu
d'un Corps à l'autre, dans leurs attributions séparées,
sans l'intermédiaire de la Gérance.

Art. 69. Chaque fois que le Corps Législatif désirera
consulter le Corps Judiciaire ou Scientifique, ou le Corps
Exécutif, sur la bonté ou sur l'opportunité d'une loi, il
s'adressera, par ses trois présidents, à la Gérance Nationale, laquelle transmettra la demande du Corps Législatif au Corps qu'il s'agira de consulter.

Art. 70. Chaque fois que le Corps Judiciaire ou Scientifique voudra faire présenter un projet de loi au Corps Législatif, ce projet sera transmis à la Gérance Nationale par les trois présidents du Corps Judiciaire ou Scientifique ; et la Gérance Nationale, après avoir consulté au besoin le Corps Exécutif, pourra transmettre le projet à la présidence du Corps Législatif.

Art. 71. La Gérance Nationale a droit de *veto* suspensif relativement aux projets de loi que lui envoie le Corps Judiciaire ou Scientifique.

Art. 72. Chaque fois que le Corps Législatif jugera nécessaire d'entendre un ou plusieurs ministres, il adressera, par l'intermédiaire de sa présidence, sa demande à la Gérance Nationale, laquelle la transmettra aux ministres requis.

Art. 73. La promulgation des lois et décrets de l'Assemblée Législative appartient à la Gérance Nationale. Cette promulgation a lieu ainsi qu'il suit :

Dans le délai de neuf jours, à partir de la transmission qui lui en est faite par la présidence du Corps Législatif, la Gérance signifie la loi au Corps Exécutif par l'intermédiaire de la présidence de ce Corps. Le comité du Corps Exécutif, dans les attributions duquel la loi rentre spécialement, détermine, par un règlement d'administration, le meilleur mode d'exécution ; et la loi, contre-signée par le ministre, est livrée à l'exécution.

Art. 74. Chaque fois que la Gérance le jugera nécessaire, elle pourra réunir les trois Corps de la Représen-

tation Nationale en séance solennelle ; elle le fera en
avertissant les présidents des trois Corps.

Art. 75. La Gérance Nationale a seule le soin des rapports extérieurs de l'État. Elle représente l'État et la République vis-à-vis des nations étrangères.

Art. 76. Néanmoins, aucun traité de paix ou d'alliance,
aucune déclaration de guerre, ne pourront être faits par la
Gérance Nationale, sans l'assentiment des trois Corps de
la Représentation Nationale réunis.

Art. 77. Les envoyés et les ambassadeurs des puis-
sances étrangères sont accrédités auprès de la Gérance
Nationale.

Art. 78. Les trois membres de la Gérance Nationale
président à toutes les solennités publiques.

CHAPITRE IV.

De la responsabilité des citoyens qui font partie de l'État.

Art. 79. Tous les citoyens qui font partie de l'État, soit
comme membres de la Gérance Nationale, soit comme
ministres, soit comme simples représentants du peuple
dans l'un des trois Corps de la Représentation, sont res-
ponsables, relativement aux actes de leurs fonctions.

Art. 80. Tous les citoyens qui font partie de l'État sont
inviolables pendant l'exercice de leurs fonctions, et ne

peuvent être poursuivis sans une autorisation expresse donnée par les trois Corps réunis de la Représentation Nationale.

ART. 81. Tout citoyen pourra demander l'autorisation de poursuivre un des membres de la Représentation Nationale au Corps dont ce membre fait partie.

Tout membre de la Représentation Nationale pourra demander à son propre Corps d'autoriser des poursuites contre un ou plusieurs des membres de la Représentation, à quelque Corps qu'ils appartiennent.

ART. 82. Lorsque l'autorisation de poursuivre un des membres de la Représentation Nationale aura été accordée par l'un des Corps, cette autorisation sera transmise par un message à la Gérance Nationale, qui convoquera aussitôt les trois Corps.

Les trois Corps réunis en assemblée solennelle délibéreront sur l'autorisation, et la confirmeront ou la rejetteront.

ART. 83. Si l'autorisation est confirmée, et qu'il s'agisse d'actes étrangers à sa fonction, le membre recherché sera poursuivi devant les tribunaux ordinaires.

Si les actes reprochés sont relatifs à sa fonction, le membre recherché sera traduit devant un Jury National, dont le mode de formation et les attributions seront déterminées ci-après.

ART. 84. Les articles 81, 82 et 83, s'appliquent aux différents ministres pour les actes de leurs ministères.

Art. 85. Les trois citoyens qui font partie de la Gérance Nationale ne peuvent être recherchés pour des actes étrangers ou relatifs à leurs fonctions que sur une demande faite par des membres de la Représentation Nationale.

Art. 86. La demande en autorisation de poursuites contre un, ou deux, ou les trois citoyens composant la Gérance Nationale, devra être portée simultanément et le même jour dans les trois Corps de la Représentation Nationale, lesquels délibéreront séparément, mais toutes les Sections réunies.

La délibération sera publique pour les trois Corps, et ne pourra durer, y compris le jour où la demande aura été portée, plus de trois jours pleins.

Art. 87. L'autorisation n'aura d'effet que si elle est accordée unanimement par les trois Corps. Les trois Corps se donneront réciproquement avis, par des messages, du résultat de leurs délibérations ; et si l'autorisation est accordée par les trois Corps, la Gérance Nationale sera, par le fait, destituée de ses fonctions. Les trois Corps procéderont immédiatement à une nouvelle élection de la Gérance Nationale, en se conformant à l'article 52.

Art. 88. Si l'autorisation de poursuivre l'un ou deux, ou les trois membres de la Gérance Nationale est accordée pour des actes étrangers à la fonction, les poursuites auront lieu devant la juridiction ordinaire. S'il s'agit d'actes relatifs à la fonction, les poursuites auront lieu devant le Jury National.

DU JURY NATIONAL.

Art. 89. Il est créé pour toute la République un Jury, qui prend le nom de Jury National, pour juger , sans appel ni recours, les accusations portées ou autorisées par la Représentation Nationale contre ses propres membres, soit simples représentants, soit ministres, soit membres de la Gérance Nationale , pour tous les actes relatifs à leurs fonctions.

Ce Jury juge également toutes les personnes prévenues de crimes, attentats, complots, contre la sûreté extérieure ou intérieure de l'État.

Art. 90. Le Jury National se compose de 300 citoyens au plus, pris dans tout le territoire français et dans les colonies.

Art. 91. Chaque département fournira trois jurés pour le Jury national, ce qui donne pour toute la France 258 jurés ; le surplus sera fourni par les colonies.

Art. 92. Chaque année , avant le premier tirage au sort des noms des citoyens qui doivent faire partie du Jury ordinaire dans chaque département, tous les noms incrits sur la liste du Jury seront déposés dans l'urne, et les noms de neuf citoyens seront tirés au sort. Les neuf citoyens désignés seront déclarés aptes à faire partie du Jury National. Il y aura trois jurés titulaires et six jurés supplémentaires, dans l'ordre de leur désignation par le sort.

Art. 93. Chaque fois qu'il y aura lieu de convoquer le Jury National, cette convocation sera faite sur une ordonnance rendue par la Gérance Nationale et contresignée par le ministre de la justice.

Les jurés se rendront au siége de leur réunion dans le délai de neuf jours à partir de la convocation.

Aet. 94. Le Jury National est apte à juger quand il réunit les deux tiers de ses membres.

Art. 95. Une loi organique déterminera suivant quelle règle le Jury National procédera à son organisation intérieure, et se formera en Cour de justice.

CHAPITRE V.

Ainsi se trouve constitué l'État, un des trois pouvoirs de la Souveraineté Nationale.

Le Peuple le nomme, à condition de le conseiller, de le surveiller, de le juger.

Il le conseille, le surveille et le juge par les réunions populaires et par la presse.

Il le juge en définitive par l'élection triennale. Dans cette élection, il distribue la récompense et le blâme, en destituant ceux qu'il a nommés ou en les réélisant.

Dans tous les cas de forfaiture des membres de la Représentation, à quelques fonctions qu'ils soient élevés, le

Jury National, choisi parmi tous les citoyens sur tout le territoire de la République, est prêt à manifester la justice du pays.

La constitution de l'État, telle qu'elle vient d'être déterminée, est, au surplus, conforme à tout ce que la science a pu nous apprendre jusqu'ici sur la constitution des êtres organisés.

Comme le Rayon de lumière est composé de trois couleurs, Or, Azur, et Pourpre, dont l'unité est le Blanc, l'État est composé de trois Corps, dont l'unité se montre dans la Gérance Nationale.

L'unité est partout dans l'État, avec la variété. Qu'il agisse collectivement par l'intermédiaire de la Gérance, ou séparément en Corps, ou plus divisément en Sections ou Chambres, ou même plus divisément en Comités, suivant la proportion des nombres 1, 3, 9, 27, il présente toujours la même organisation ; toujours la Science, l'Art, et l'Industrie, entrent dans les combinaisons auxquelles il se prête. Ainsi les physiciens remarquent qu'il n'y a pas de phénomène d'Électricité sans Lumière et sans Chaleur, pas de Lumière sans Chaleur et sans Électricité, pas de Chaleur sans Électricité et sans Lumière.

Les anatomistes, à la fin d'une multitude de recherches sur la structure du cerveau, sont arrivés à découvrir que trois substances indivisiblement unies se retrouvent dans toute sa substance : l'une, qu'ils appellent blanche, en prédominance dans la partie antérieure du crâne, celle où les facultés de l'intelligence ont leur siége ; une autre, qu'ils appellent grise, en prédominance dans la partie postérieure où siègent les instincts ; et la troisième enfin, qu'ils appellent rosée, dans la partie médiane, où ils placent le sentiment. Ainsi l'État, véritable tête et cerveau du Corps politique, est composé de trois substances indivisiblement unies : la Science, l'Art, et l'Industrie.

Que Dieu, sous les auspices duquel nous venons de nous élever à cette conception de l'État, prouve que la Trinité, qui est sa nature, veut aujourd'hui renouveler le monde, en faisant prospérer, par un Gouvernement ainsi organisé, la France, et, par l'exemple de la France, toutes les nations qui peuplent la terre, afin que soit un jour réalisée l'unité du Genre Humain.

Cela posé, il ne reste à l'Assemblée Nationale qu'à déterminer les principes d'après lesquels l'État ainsi organisé devra organiser le Travail National, sans blesser aucun des droits précités de l'homme et du citoyen, mais au contraire en les faisant tous valoir et prospérer.

C'est ce qu'elle fera dans une autre et prochaine Déclaration, conforme aux principes exposés précédemment, dans le but de rassurer les esprits et de rasséréner les âmes, bien persuadée d'ailleurs que l'Assemblée qui viendra la remplacer, et qui sera organisée en atelier politique conforme aux lois essentielles et éternelles, aura infiniment plus de lumières et de grâces célestes qu'elle pour découvrir la vérité, l'aimer, la pratiquer, et la faire comprendre, aimer et pratiquer à l'universalité du Peuple Français.

CHAPITRE VI.

Néanmoins l'Assemblée Nationale, avant de clore le présent Décret Constitutionnel, doit poser certains principes relativement à ce qu'on pourrait appeler les rites et cérémonies de la République; car nul Peuple ne peut subsister sans rites et sans cérémonies.

Il est certain qu'aucun pouvoir ne peut être organisé, s'il n'a ces trois choses :

1° Un principe constitutif du rang hiérarchique de ses membres, d'où résulte la fixation de ce qu'on appelle honneurs et grades.

2° Un principe constitutif relativement aux intervalles de travail et de repos; d'où résulte la fixation des repos périodiques et des fêtes; car le repos est aussi nécessaire à l'homme que l'activité, et il est la source du travail comme il en est la récompense.

3° Enfin, un principe constitutif des signes visibles propres à présider soit au travail, soit au repos; d'où résulte la fixation de ce qu'on appelle le blason.

Nous allons déterminer le germe que l'avenir développera relativement à ces trois points.

DU GRADE OU DU RANG DANS LA FONCTION.

Sur le premier point, le *grade*, il est certain que la République ne reconnaît aucune inégalité du genre de celles que l'on admet dans les monarchies et dans les aristocraties.

Il n'y a dans la République ni supérieurs ni inférieurs ; il n'y a que des fonctionnaires. En attendant que le principe de l'organisation égalitaire s'applique à tous les ateliers et à tous les instruments de travail, non pas en détruisant, mais en développant au contraire la personnalité et la liberté de chacun, l'État peut et doit donner l'exemple d'une hiérarchie sans inégalité.

C'est à quoi nous sommes parvenus en déterminant, comme nous venons de le faire, les fonctions concentriques du Corps de la Représentation Nationale.

La République ne reconnaît, entre les trois Corps qui composent cette Représentation, aucune inégalité ; ces trois Corps représentent les trois aspects égaux de l'Atelier politique. Dans l'unité de cet Atelier, la fonction judiciaire, la fonction législative, la fonction exécutrice, sont trois fonctions également nécessaires.

Par la même raison, elle ne reconnaît aucune inégalité entre les trois Chambres qui composent chaque Corps ; ces trois Chambres ou Sections représentent les trois aspects égaux de la fonction.

En vertu du même principe, elle ne reconnaît aucune inégalité entre la Gérance Nationale et les trois Corps qui élisent cette Gérance, pris collectivement, ni entre cette Gérance, et chacun de ces corps pris séparément. La Gérance Nationale sert à manifester l'unité des trois Corps ; elle est, par l'élection, le produit même de cette unité qu'elle manifeste : elle n'est pas supérieure aux parties indivisibles et également nécessaires de cette unité.

Le même principe s'applique à la présidence de chaque Corps. Il n'y a aucune inégalité dans la fonction entre les trois présidents , soit du Corps Scientifique , soit du Corps Législatif, soit du Corps Exécutif. Chacun de ces trois présidents , nommé par les trois Chambres ou Sections du Corps , représente en prédominance dans la fonction chacun des trois aspects parfaitement égaux de notre nature, la Connaissance , le Sentiment , et l'Activité.

Le même principe, enfin , s'applique à tous les membres qui composent le Corps entier de la Représentation Nationale. Nommés par le Peuple, avec distinction des qualités qui les caractérisent et attribution de l'emploi de leurs facultés, ils sont pourtant nommés au même titre et investis de la même puissance. Ils élisent, pour la fonction, certains d'entre eux , soit comme présidents, soit comme ministres, soit comme membres de la Gérance Nationale; mais ce choix qu'ils font n'établit entre eux et les citoyens choisis par eux aucune inégalité.

L'Assemblée Nationale ne saurait, en aucune façon, régler d'avance les marques honorifiques que l'État organisé décernera aux services rendus dans les fonctions. Un usage constant des peuples libres a été de montrer leur gratitude et leur approbation aux citoyens qui avaient bien mérité de la patrie à toutes sortes de titres. L'avenir ne fermera pas cette source vive qui part du cœur et se verse dans le cœur; elle l'agrandira au contraire.

Mais l'Assemblée Nationale peut dès à présent déclarer avec certitude que ce qui, dans tous les temps, a corrompu ces honneurs, et les a rendus illégitimes et destructeurs des libertés publiques, c'est la confusion qu'on a faite du signe véritable de l'honneur, qui est la déclaration de cet honneur, avec le signe au moyen duquel se fait l'échange des produits matériels nécessaires aux besoins corporels de notre nature. En conséquence, séparant la récompense honorifique de l'émolument attaché à la fonction, elle décrète :

Art. 96. Tous les membres de la Représentation Nationale recevront un traitement fixe, égal pour tous, sans que la nomination aux fonctions, soit de Présidents de Chambres, soit de Présidents de Corps, soit de Ministres, soit enfin de membres de la Gérance Nationale, puisse jamais, sous aucun prétexte, donner lieu à aucune augmentation de ce traitement. Les indemnités de voyage, et autres frais qu'il pourrait être nécessaire de leur allouer accidentellement, seront pris sur les fonds des divers ministères.

DES JOURS FÉRIÉS.

En décrétant, comme nous venons de le faire, l'égalité de salaire pour tous les fonctionnaires de la Représentation Nationale, nous n'avons fait qu'appliquer le principe émis par nos pères. « Les fonctions publiques, disait la Constitution de 1793, ne peuvent être considérées comme des » distinctions ni comme des récompenses, mais comme » des devoirs. » En décrétant, comme nous allons le faire, la fixation d'intervalles périodiques entre les travaux, c'est-à-dire l'établissement de jours de repos et de fêtes, nous nous montrerons également fidèles à la tradition républicaine.

L'Assemblée Constituante avait décrété qu'il serait établi des fêtes nationales ; la Convention essaya de réaliser ce programme, et vota ces fêtes avec enthousiasme.

Nos pères reconnurent donc le principe du *repos social*. Peu importe qu'ils l'aient reconnu par une sorte d'empirisme, et que les fêtes qu'ils instaurèrent n'aient pas subsisté. La reconnaissance qu'ils firent de la nécessité de ce repos n'en est pas moins une autorité imposante. Aujourd'hui la philosophie de l'histoire nous a appris que la loi du *repos social* est à la fois divine et humaine, qu'elle a sa cause dans notre nature même, que toutes les grandes législations l'ont consacrée à ce titre, et s'en sont servies pour combattre et restreindre l'inégalité entre les hommes.

La République est une religion, ou plutôt est la religion ; elle ne restera donc pas en arrière des religions partielles qui l'ont précédée, et qui ont occupé sa place, en attendant qu'elle vînt les légitimer et les concilier.

En conséquence, laissant aux futures Assemblées à développer convenablement ce germe, nous décrétons :

Art. 97. La République reconnaît des jours fériés, et elle déclare dès à présent le septième jour de la semaine, ou le dimanche, jour férié. Tous les Corps de l'État célébreront ce jour.

DU BLASON DE LA RÉPUBLIQUE.

Il reste un dernier point, le *blason de la République*. Sur ce sujet, comme sur tous les autres, nous serons fidèles à la tradition ; mais, éclairés par une science plus complète, nous pouvons légitimement et nous devons ajouter quelque chose au blason de nos pères.

Ce blason se compose de la devise, des couleurs, et du signe soit linéaire, soit à trois dimensions.

La devise de nos pères comprenait les trois mots sacramentels du Dogme républicain, dans cet ordre : LIBERTÉ, ÉGALITÉ, FRATERNITÉ.

La Fraternité étant le lien entre la Liberté et l'Égalité, l'ASSEMBLÉE NATIONALE, éclairée par la science, décrète :

ART. 98. La devise nationale continuera à être composée des trois mots sacramentels du dogme républicain, mais placés dans cet ordre : LIBERTÉ, FRATÈRNITÉ, ÉGALITÉ. A ces trois mots, il sera permis et convenable d'ajouter le mot UNITÉ, pour exprimer que ces trois mots, *Liberté, Fraternité, Égalité*, s'impliquent l'un l'autre, et sonnent pour ainsi dire ensemble comme les trois sons de l'accord parfait, parce qu'ils résultent tous trois de l'unité de notre nature, de notre égalité, et de la solidarité qui nous unit tous dans une même espèce.

Quant aux couleurs du blason républicain, qui sont actuellement le blanc, le bleu, et le rouge, nous les conservons, mais en y ajoutant une couleur ; car voici ce que la science nous fait connaître :

Le Rayon de lumière est triple et un à la fois, comme l'Homme, comme la Société, comme l'État. L'unité du Rayon est le Blanc, sa triplicité produit les trois couleurs, Or, Azur, et Pourpre. Toute la Symbolique prouve que l'homme, par un sentiment instinctif, a rapporté constamment les trois couleurs primitives aux trois facultés indivises qui constituent sa nature, de cette façon : la couleur d'Or à la Connaissance, l'Azur au Sentiment, le Pourpre à l'Activité.

D'un autre côté, l'opinion s'étant répandue que le drapeau aux trois couleurs représentait trois castes dans la nation, la Noblesse, le Tiers-État, et le Peuple, il en est résulté qu'une partie de la Nation a, dès 1789, opposé le drapeau rouge unicolore au drapeau tricolore, voulant exprimer par là la nécessité d'abolir toute caste et tout privilége de classe. Cette opinion s'est reproduite après la révolution de février.

En conséquence, l'ASSEMBLÉE NATIONALE, pour se conformer à la science, et pour détruire le germe des collisions funestes qui pourraient résulter de drapeaux différents dans la Nation, décrète :

ART. 99. Le Drapeau National est indivisiblement Blanc, Or, Azur, et Pourpre. Le Corps de la Représentation Nationale, dans l'exercice de ses fonctions, se partagera ainsi ces couleurs. La Gérance, ou l'unité, aura pour couleur le Blanc. Le Corps Scientifique aura l'Or; le Corps Législatif, l'Azur; le Corps Exécutif, le Pourpre. Ces trois Corps, les Sections qui les composent, et les Comités entre lesquels ces Sections se partagent, trouveront dans ces couleurs, et dans leurs combinaisons simples, le moyen facile de se distinguer dans l'exercice de leurs fonctions. Hors de l'exercice de leurs fonctions, les citoyens n'arboreront aucune couleur séparément des autres, tous les citoyens devant être indistinctement réunis sous l'étendard national

Enfin, quant au signe soit linéaire, soit à trois dimensions, nos pères avaient adopté pour emblème le peuplier, dont la structure exprime le mieux, parmi les végétaux, la similitude des parties et leur égalité ; ce qui a fait que son nom antique est en même temps le nom de la multitude ou du peuple. L'Assemblée Nationale conserve cet emblème ; mais, conformément au mystère des antiques religions, elle y ajoute les trois corps ou solides de révolution, le Cylindre, le Cône, et la Sphère.

En conséquence, elle décrète :

Art. 100. Des Peupliers seront plantés et entretenus avec soin dans toutes les communes de la République. L'État aura pour sceau un Autel cylindrique surmonté d'un Cône, surmonté d'une Sphère rayonnante. Ce sceau de l'État sera remis aux mains de la Gérance Nationale, pour être appliqué, en relief de cire, sur tous les traités avec les nations étrangères, et sur l'original de toutes les lois. Chacun des trois Corps de la Représentation aura pour sceau un des trois solides de révolution dont l'unité compose le sceau de l'État. Le Corps Exécutif aura pour sceau le Cylindre, en son profil, le carré, avec ce mot: *Liberté*; le Corps Législatif, le Cône, ou son profil, le triangle équilatéral, avec ce mot, *Fraternité*; le Corps Scientifique, la Sphère rayonnante, ou son profil, le cercle entouré de rayons, avec ce mot: *Égalité*. Le sceau de chacun des trois Corps de la Représentation Nationale sera remis aux mains de la Présidence de ce Corps, pour être appliqué sur tous les actes du Corps.

FIN DE LA CONSTITUTION POLITIQUE.

NOTES.

NOTES.

I.

De la spécialisation des candidatures.

J'entends plusieurs de mes collègues, un peu surpris de la nouvelle loi électorale que je propose, me demander à quel titre ils se présenteraient à la candidature avec une pareille loi. Leur étonnement vient de ce que jusqu'ici il n'y a eu aucune lumière dans l'élection, et qu'avec ma loi électorale, il y a un *fiat lux* qui permet au peuple de distribuer raisonnablement ses suffrages, et permet en même temps aux candidats de sonder leur propre capacité, et de l'appliquer avec précision aux fonctions publiques.

« Il fallait un financier, dit Beaumarchais, on a pris un danseur. » Voilà le défaut du système électoral confus qu'on a connu jusqu'ici. Ce n'est pas que les danseurs, les chorégraphes, et en général les gymnastes, n'aient leur utilité grande dans la bonne constitution d'un État ; mais la question est que chacun soit à sa place.

Quant à savoir si cette loi est praticable, j'avertis ceux qui feraient cette objection, qu'ayant parié avec des hommes politiques très sérieux qu'après demi-heure d'attention ils reconnaîtraient qu'elle est beaucoup plus facile à exécuter que la loi actuelle, j'ai toujours gagné mon pari.

II.

Comment les Avocats se retrouveront dans ma classification électorale.

Les assemblées législatives ont jusqu'ici foisonné d'avocats. La raison en est bien simple. La distinction des parties intégrantes d'une bonne assemblée législative n'ayant pas été faite, les hommes exercés à l'art de la parole devant les tribunaux ont dû primer toute autre nature.

Je ne serais donc pas étonné qu'on me dît : Mais où sont donc les avocats dans votre classification ?

La réponse est facile.

Le droit, dans son abstraction, est une partie de la métaphysique. Par conséquent, outre les métaphysiciens proprement dits, tous les hommes occupés d'une manière générale de la science du droit ou de la politique, tous les jurisconsultes, tous les publicistes, se trouvent compris dans la catégorie des métaphysiciens.

S'il s'agit des avocats véritablement orateurs, ils se présenteront dans les catégories de l'art, à moins qu'ils ne veuillent se présenter comme jurisconsultes.

S'agit-il de simples bavards, ils se présenteront au titre qui leur conviendra.

III.

A quelle condition une loi peut être bien faite.

Toute loi, pour être bien faite, a besoin d'être examinée au triple point de vue de la Science, de l'Art, et de l'Industrie. Or, chacune des Chambres du Corps Législatif, dans le système que j'expose, représente, en même temps que l'unité de la fonction, un aspect particulier de cette fonction. La première Chambre est la manifestation en prédominance de la connaissance ou du génie métaphysique dans la Science, dans l'Art, et dans l'Industrie. La seconde Chambre est la manifestation en prédominance du sentiment dans la Science, dans l'Art, et dans l'Industrie; et la troisième offre la prédominance de la pratique ou des facultés actives dans la Science, dans l'Art, et dans l'Industrie.

Il résulte de là qu'une assemblée confuse, composée de neuf cents membres, nommés sans distinction des qualités qui les caractérisent, et jetés pêle-mêle par l'élection sans spécialisation et sans titres, est la machine la moins propre à faire de bonnes lois.

Si nous en faisons de bonnes dans la présente Assemblée Nationale, ce sera une grâce d'état.

IV.

De la Cour de Cassation.

L'Assemblée Constituante, en créant l'idée d'un Tribunal de Cassation, ne s'était pas expliquée sur la nomination de ce tribunal. La Constitution de 1791 dit seulement : « Il y aura pour » tout le royaume un seul Tribunal de Cassation établi auprès » du Corps Législatif (Art. 19). »

La Constitution de 1793 remit la nomination des membres de ce tribunal à l'élection du peuple : « Les membres du Tribunal de » Cassation sont nommés tous les ans par les assemblées électo- » rales (Art. 100). »

La Constitution de l'an III conserva cette disposition, en la modifiant : « Le Tribunal de Cassation est renouvelé par cinquième » tous les ans. Les assemblées électorales des départements nom-

» ment successivement et alternativement les juges qui doivent
» remplacer ceux qui sortent du Tribunal de Cassation (Art. 259;. »

La Constitution de l'an VIII décida que les juges du Tribunal de
Cassation seraient choisis par le Sénat dans ce que cette constitution appelait la liste nationale, c'est-à-dire la liste des électeurs
réduite au millième par trois épurations successives. Néanmoins,
dans cette Constitution toute despotique, le principe de l'élection
de la Cour de Cassation par le peuple subsiste encore au premier
chef, puisque la liste nationale était censée sortie de l'élection populaire.

On ne sera donc point surpris de voir, dans notre projet,
la Cour de Cassation, malgré sa spécialité, nommée au sein du
Corps Scientifique ou Judiciaire, qui renferme un grand nombre
de légistes.

Dans le projet officiel présenté par la Commission, les juges
du Tribunal de Cassation sont nommés par l'Assemblée Nationale
au scrutin secret et à la majorité des suffrages Art. 83). Le pouvoir
législatif nommant directement le pouvoir judiciaire est une étrange
confusion de tous les principes.

———

V.

Du Conseil d'État dans le projet officiel.

Dans le Projet de Constitution présenté par la Commission,
l'ancien Conseil d'État se trouve transfiguré en deux corps tout à
fait distincts. Le pouvoir judiciaire qui lui était dévolu en matière
administrative et de contentieux passe à un Tribunal Administratif; et, ainsi débarrassé de ce fardeau qui l'offusquait, le Conseil
d'État devient un véritable Sénat composé de quarante membres,
sous l'auguste présidence du Vice-Président de la République.

Mais, me dira-t-on, les membres de ce conseil, destiné à transformer l'Assemblée Nationale en corps législatif *muet*, ou pour le moins réduit à voter des lois qu'elle n'aura pas imaginées, sont nommés par l'Assemblée Nationale elle-même. Eh! voilà précisément le piége qu'on tend à cette Assemblée ; elle se tuera en nommant ses tuteurs.

Combien ne doit-elle pas se trouver honorée! elle nomme le Conseil d'État! Mais elle le nomme pour *six ans* (Art. 69), elle qui n'est nommée que pour *trois ans* (Art. 29), et le Conseil d'État se renouvelle par moitié dans les deux premiers mois de chaque législature, tandis qu'elle se renouvelle intégralement.

Quel admirable mécanisme! l'Assemblée Nationale se trouve toujours avoir en face, ou plutôt bien au-dessus d'elle, un Sénat d'autant plus fort qu'il est moins nombreux, et que, tout en paraissant nommé par elle, il ne l'est point en réalité, puisque, nommé par la législature précédente pour la moitié de ses membres, il tire de cette origine une autorité indépendante que lui confirme d'ailleurs sa longue durée relative.

Le Conseil d'État peut dire à l'Assemblée sortie du Peuple : J'existe avant toi, et j'existerai après; je suis d'ailleurs présidé par un homme qui, lui aussi, a plus de durée que toi, puisqu'il est nommé pour quatre ans. Cet homme, c'est le second astre du système ; il est au Président, qui le présente, ou plutôt qui le nomme, ce que la lune est au soleil ; j'espère qu'il me fera jouir par réflexion des rayons bienfaisants de la nouvelle monarchie. Qu'es-tu donc devant moi ? Tu votes les lois que je t'élabore, d'accord avec le *Gouvernement* (Art. 72), et tu ne peux même en faire une sans me consulter (même article).

Mais combien d'autres attributions le Conseil d'État n'a-t-il pas encore! C'est lui qui fait les règlements d'administration publique, et qui fait *seul* ceux de ces règlements à l'égard desquels l'Assemblée Nationale lui a donné une délégation spéciale ; il exerce à l'égard des administrations publiques les pouvoirs de contrôle et de surveillance qui lui sont déférés par la loi ; et on nous promet encore pour lui bien d'*autres attributions* (Art. 72).

Tout cela serait bien, s'il ne pesait pas de tout son poids sur l'Assemblée Législative, s'il n'intervenait pas dans la confection des lois. Mais intervenant de la façon la plus oppressive dans la confection des lois, et d'un autre côté faisant seul pour ainsi dire les règlements d'administratiou publique, sous l'influence du Pouvoir Exécutif, il se trouve être l'instrument de la servitude du Pouvoir Législatif.

Quoi ! ne saura-t-on donc jamais que river des fers à l'esprit humain !

APPENDICE.

APPENDICE.

Lorsque M. de La Rochejaquelein nous appela une *négation personnifiée*, et nous somma d'apporter un principe d'organisation ou de nous taire, et que tous les journaux ennemis du progrès répétèrent à l'envi ses paroles en dénaturant son intention que nous reconnaissons bonne et loyale, nos idées étaient depuis longtemps mûres pour donner réponse à ce défi. En quelques jours notre *Contre-Projet* fut rédigé, imprimé, et distribué à l'Assemblée.

Nous avions fait notre devoir; l'Assemblée a-t-elle fait le sien? On en jugera par l'extrait de quelques unes de ses *séances* que va renfermer cet Appendice. Les journaux aussi, ceux qui nous avaient défié de produire une idée organique, ceux qui poursuivent les écoles socialistes de toutes sortes de calomnies et d'injures, ont-ils fait ce qu'ils devaient faire, examiner sérieusement ce que nous leur soumettions? Les citations que nous allons donner de leurs *jugements* mettront le public à même d'en décider.

Il est aussi intéressant qu'utile de voir comment une vérité est accueillie à son entrée dans le monde.

Ce Projet de Constitution n'est qu'une application du *principe universel d'organisation* que nous avons découvert, et que nous appelons *Triade*. Comment une idée qui doit affranchir les hommes de toute tyrannie n'aurait-elle pas provoqué les répulsions que toute vérité importante n'a jamais manqué de rencontrer?

Toutefois voici un spectacle bien étrange! C'est au nom de la tradition, c'est au nom du dogme fondamental du Christianisme que nous présentions notre idée; et dans une Assemblée où l'on parle à tout propos du Christianisme pour l'opposer comme un frein et comme une digue aux philosophes et aux novateurs, dans une Assemblée où siègent des prélats catholiques et des pasteurs protestants, il ne s'est pas trouvé une seule voix pour réclamer contre les rires et les murmures qui ont accueilli le grand nom de Trinité! Pas un orateur n'a relevé le défi que nous portions à notre tour à ces neuf cents représentants du peuple, soit comme chrétiens, soit comme incrédules?

On n'a su qu'étouffer notre voix par des clameurs. Or les clameurs d'une assemblée qui refuse d'écouter sont une violence plus injuste que ne le seraient des coups et des blessures. *Frappe*, disait le grand homme qui sauva la Grèce du joug des Perses à son fougueux adversaire qui aurait perdu la patrie, *Frappe, mais écoute*. La Grèce fut sauvée! Elle ne l'eût pas été, si Eurybiade eût refusé d'écouter.

Quand, protestant contre cette violation de la liberté de la tribune, qui au fond est une violation de la Souveraineté du Peuple manifestée dans chacun de ses représentants, nous crûmes devoir rappeler que près de cent mille citoyens nous avaient investi de leur mandat, on nous renvoya avec dédain aux prolétaires qui nous avaient nommé. A entendre les journaux soutiens de l'aristocratie, notre théorie mystique ne saurait être comprise que de nos électeurs (1). Que ces Titans de l'intelligence qui n'ont encore construit qu'une tour de Babel sachent que ce peuple qu'ils traitent de barbare est capable en effet de renouveler le monde spirituel comme le monde matériel. Si les enfants d'Abraham répudient l'héritage de la vérité, Dieu saura, du sein des rochers, faire sortir des enfants à Abraham : ainsi parlait l'Évangile, et la restauration de l'esprit humain fut transportée à ceux que les docteurs de la Synagogue appelaient des Barbares.

Nous sommes triste assurément au milieu des maux sans nombre de l'Humanité, triste, mais plein d'espérance. Nous savons que quand le soleil se couche sur un horizon, sa lumière commence à poindre sur un autre.

Ce qui résulte de notre expérience au sein de l'Assemblée Nationale, c'est que la révolution sortie du dix-huitième siècle n'a pas encore, après soixante ans

(1) Voyez, parmi les jugements des journaux, celui du journal qui passe pour l'organe de M. de Lamartine.

écoulés, dépassé la borne des idées du dix-huitième siècle, dans les esprits formés au sein des classes supérieures. L'expérience, sous ce rapport, est décisive, puisque parmi nos amis qui arborent le plus franchement l'étendard républicain, il ne s'est pas trouvé un appui, un seul appui, pour un système d'organisation politique fondé sur une vérité religieuse. La Montagne de 1848, puisqu'on l'appelle de ce nom, a besoin de méditer sur cette parole profonde de Robespierre : « Il s'agit d'élever à *l'état de reli-* » *gion* cet amour sacré de la patrie, et cet amour plus » sublime et plus saint de l'Humanité, sans lequel » une grande révolution n'est qu'un crime éclatant » qui détruit un autre crime. »

C'est pourquoi, sans nous affliger des dédains qui ont accueilli l'idée religieuse intervenant dans la politique, sans nous en glorifier aussi (car nous sommes trop partisan du dogme de la solidarité humaine pour nous glorifier à cette occasion), nous remercions Dieu de nous avoir envoyé au sein de cette Assemblée afin de placer haut la Vérité, qui d'ailleurs est patiente comme son divin Auteur : *Patiens quia æternus.*

EXTRAIT DES SÉANCES

DE

L'ASSEMBLÉE NATIONALE

———

Séance du mardi 5 septembre 1848,

PRÉSIDENCE DU CITOYEN ARMAND MARRAST.

L'ordre du jour était la discussion générale sur le Projet de Constitution.

LE CITOYEN PRÉSIDENT. La parole est au citoyen Pierre Leroux.

Plusieurs voix. La clôture ! la clôture !

D'autres voix. Non ! non ! — Laissez parler !

* La sténographie du *Moniteur* est un véritable *Daguerréotype* de la parole. On ne saurait croire, avant de s'en être assuré, à quel degré d'exactitude cet art précieux est aujourd'hui parvenu. Mais cette fidélité, excellente pour les orateurs à qui la faveur de l'Assemblée laisse le calme nécessaire, devient une véritable infidélité pour ceux qui, comme moi, sont interrompus systématiquement à chaque phrase et souvent à chaque parole. Ces interruptions, en effet, nécessitent des répétitions fas-

LE CITOYEN PRÉSIDENT. Du moment où la clôture est demandée, je dois consulter l'Assemblée.

(La clôture est mise aux voix et rejetée.)

LE CITOYEN PRÉSIDENT. La discussion continue ; la parole est à M. Pierre Leroux.

LE CITOYEN PIERRE LEROUX. Citoyens représentants, la science politique est encore dans l'enfance ; nos luttes ténébreuses et notre anarchie profonde d'aujourd'hui, comme nos révolutions depuis cinquante ans, le prouvent, au surplus, de la façon la plus évidente.

Il n'y a pas cinquante ans que la machine à vapeur est inventée (On rit) ; mais, dès le jour de son invention, tous les mécaniciens se sont accordés sur les pièces qui composent cette machine, sur leur rôle, sur leur proportion ; ils ne diffèrent même pas sur les perfectionnements à découvrir. C'est que la mécanique est une science, et que l'art du constructeur de machines est fondé sur cette science. Mais il n'en est pas de même pour la machine sociale. Pas de principe, pas de science qui serve de guide et de règle aux constructeurs de machines politiques, et à tous ceux qui s'érigent au sein de la société en tuteurs de cette société, sous les noms divers de rois ou d'empereurs, de princes, de ministres, de sénateurs, de représentants de la nation nommés par elle, et enfin de journalistes ne relevant que de leur pensée.

tidieuses que la sténographie reproduit avec ponctualité. Je me suis permis, dans la réimpression de mes discours, de supprimer quelques unes de ces répétitions. J'ai effacé aussi les négligences de langage qui m'étaient échappé. Enfin, en plusieurs endroits, j'ai rétabli les transitions que la hâte par trop grande de mes interrupteurs de me voir descendre de la tribune m'avait forcé de supprimer.

Cette remarque ne s'applique pas à ce premier discours, qui, sauf la conclusion, est extrait textuellement d'un de mes ouvrages, le *Discours aux Politiques*, et que j'ai lu à la tribune sur l'imprimé même, ce qui m'a valu les *lazzi* de M. Grandin.

Cette nombreuse cohorte de mécaniciens politiques se divise à l'infini : *tot capita, tot sensus*. La plupart, il est vrai, au lieu d'idées, n'ont pour se diriger que leurs passions et leurs intérêts privés ; mais les plus théoriciens même et les plus désintéressés manquent d'un principe. Vainement donc le soin des destinées sociales leur est confié : ils sont, comme dit Homère, les pasteurs du peuple ; mais, suivant le mot de l'Évangile, ce sont des aveugles qui conduisent d'autres aveugles. (Hilarité.)

J'appelle science politique une science véritable, fondée sur la nature des choses, c'est-à-dire sur la nature de l'homme. Cette science n'existe pas. Son principe n'existe pas, ou du moins n'est pas encore clairement révélé aux intelligences.

Si cette science existait, si son principe fondamental était connu, nos gouvernants et nos publicistes ne travailleraient pas empiriquement comme ils font depuis cinquante ans ; ils invoqueraient cette science, ils s'accorderaient sur ce principe.

Nous avons eu depuis cinquante ans sept constitutions principales, sans compter un million de lois de détail. Pourquoi toutes ces constitutions sont-elles à l'antipode les unes des autres, sinon parce que la politique ne reconnaît pas encore un principe ?

Nous avons eu depuis ces cinquante ans et nous avons encore la lutte incessante des factions. Pourquoi cette lutte, sinon parce qu'il n'existe aucun critérium de certitude dans l'art de la politique ?

La politique est l'organisation des divers pouvoirs généraux de la société : c'est donc un art, et cet art doit relever de quelque principe certain. Mais il faut bien, je le répète, que ce principe n'ait pas été clairement révélé, puisque tous nos législateurs et tous nos écrivains politiques en sont encore au tâtonnement et à l'empirisme.

Ils ne s'accordent qu'au point de départ et sur l'énoncé du problème ; tous reconnaissent que la science ou l'art politique a pour objet de déterminer quels sont les pouvoirs généraux nécessaires à l'existence d'une société, et comment ces pouvoirs doivent être organisés pour remplir le mieux possible les fonctions qui leur sont inhérentes.

Voilà, en effet, le problème ; mais où est sa solution ? Est-elle dans la constitution de 91, ou dans celle de 93, ou dans celle de l'an 3, ou dans celle de l'an 8, ou dans les constitutions de l'Empire, ou dans les élucubrations de Sieyès, ou dans la charte anglaise de Louis XVIII, ou dans la nouvelle édition très peu corrigée donnée de cette charte en 1830 ? L'opposition radicale de toutes ces constitutions entre elles, et la lutte de tous les partis qui s'y rattachent, prouvent non seulement que le problème n'est pas résolu, mais que le principe nécessaire pour le résoudre n'est pas connu.

Il faut donc en convenir, quelque étrange que cette idée paraisse au premier abord, tous les artistes en législation, tous les constructeurs de machines politiques, et avec eux tous les publicistes, tous les écrivains politiques, tous les journalistes qui depuis la révolution ont parlé, écrit, légiféré sur la politique, ont parlé, écrit, légiféré sans avoir un principe, un axiome fondamental dans cet art de la politique.

Oser dire cela, est-ce nous montrer irrévérencieux à l'égard de tant de nobles intelligences et de cœurs généreux qui ont servi la France depuis la révolution ?

Non, pas plus que ce n'est manquer de respect aux politiques qui ont dirigé la monarchie française avant cette révolution, ou, en général, à tous les politiques dont l'histoire fait mention.

Il y a des sciences qui ne sont que d'hier ; la philosophie de l'histoire n'est que d'hier : pourquoi la philosophie de la politique ne serait-elle pas de demain ?

Mais Platon, direz-vous, mais Aristote ?

LE CITOYEN DE SAINT-PRIEST. Aristote n'a pas d'autorité céans. (On rit.)

LE CITOYEN PIERRE LEROUX. Aristote a écrit pour contredire Platon. Avez-vous accordé Platon et Aristote ? Le procès n'est pas jugé entre ces deux grands maîtres de la politique. Donc la science dont je parle n'existe pas.

D'autres objecteront Montesquieu. Mais d'autres, à l'instant, objecteront Rousseau ; et, puisque Rousseau nie Montesquieu, j'en resterai plus ferme dans mon avis que la science politique est encore un *ignotum*.

Tout le monde sait que le chapitre *De la Constitution d'Angleterre* est le point culminant de la politique de Montesquieu, et qu'il n'a écrit en quelque sorte l'*Esprit des Lois* que pour ce chapitre. Il s'est étudié à y résumer ce qu'il regardait comme des principes, et il a employé tout son art à faire illusion au lecteur. Vous croyez lire un axiome métaphysique sur la politique, et la phrase suivante vous montre que c'est de l'Angleterre qu'il s'agit. L'Angleterre est ainsi l'absolu, le beau et le bon absolu, pour Montesquieu. Or, je le demande, n'est-ce pas une immoralité monstrueuse que l'apologie du fait et du privilége étalée dans ce chapitre ! Malgré tous ses efforts, Montesquieu ne parvint pas à déduire de l'étude comparée des législations, et, en particulier, de l'étude des deux monarchies française et anglaise, un véritable principe. L'œuvre de Montesquieu est empirique ; c'est une ébauche, un tâtonnement pour s'élever à une science métaphysique de la politique. Mais cette science métaphysique de la politique, Montesquieu ne l'a pas atteinte.

Rousseau non plus. Rousseau opposa à la monarchie et à l'aristocratie de Montesquieu la république et la souveraineté populaire. Mais Rousseau a-t-il, plus que Montesquieu, une science véritable, j'entends une science basée sur la nature humaine, et concluant de cette nature humaine à l'art de la politique? Rousseau a-t-il émis un véritable principe d'organisation politique? La souveraineté du peuple est une vérité, sans doute; mais Rousseau lui-même appelle et demande une science pour organiser cette vérité, pour la réaliser; son *Contrat Social* se résume dans cet aphorisme : « La souveraineté du peuple existera, le peuple sera en effet le vrai souverain, le souverain légitime, quand la science humaine aura donné à cette souveraineté le souffle de l'existence : jusque là ce n'est qu'un projet. » Le peuple souverain (ce sont les paroles mêmes de Rousseau) n'est que « l'ouvrier qui monte et fait marcher la machine; » mais il faut, suivant Rousseau, et selon le bon sens, que cette machine ait été préalablement inventée. Or Rousseau, de son aveu, n'a pas inventé cette machine. Il n'a donc tracé que les prolégomènes de la législation.

Existe-t-il d'autres théoriciens politiques qui aient effacé Montesquieu et Rousseau? Non, nous en sommes encore à Montesquieu et à Rousseau; nous en sommes encore aux prolégomènes. Nous en sommes encore à trois mots : *monarchie* (la monarchie française de Montesquieu), *aristocratie* (la monarchie anglaise de ce même Montesquieu), et enfin *république* (la démocratie de Rousseau). Ce sont là trois aspirations diverses qui peuvent donner lieu à trois factions dans l'État; mais ce n'est pas un principe, ce n'est pas une idée, ce n'est pas une science.

Tels donc que Montesquieu et Rousseau ont laissé nos pères, tels nous sommes.

La première chose pour sortir, s'il est possible, de notre ignorance, c'est de la reconnaître.

L'intervalle entre l'*Esprit des Lois* ou le *Contrat Social* et l'époque où nous vivons a été rempli par des tàtonnements.

La nature produit de l'or ; les alchimistes s'essayent à en faire, mais, faute d'une science véritable, ils échouent. La monarchie française s'était formée naturellement et par la lente succession des siècles ; mais voilà qu'après avoir parcouru toutes les phases de sa vie, cette monarchie tombe comme un grand chêne déraciné par la vieillesse et le temps, plus encore que par la cognée des hommes. Il s'agissait de reconstruire, c'est-à-dire de créer. Il fallait un principe ; malheureusement on n'avait pas ce principe. La science qui aurait permis cette création si nécessaire n'existait pas ; la création fut impossible.

Je le demande, si dès 1789 cette science eût été connue, l'Assemblée Constituante n'aurait-elle pas, à la lumière de cette science, organisé la nation qui lui remit si libéralement ses destinées ? Mais on chercherait vainement un principe, une science, dans les travaux de la Constituante. On ne trouve pas d'autre science politique dans ses comités de constitution et de législation que les lueurs vagues et incertaines aperçues par Montesquieu un demi-siècle auparavant. Aussi que produisit, à la piste de Montesquieu, l'Assemblée Constituante ? Après s'être longtemps divisée en deux camps, correspondant aux deux modèles vantés par Montesquieu, la monarchie française et la monarchie anglaise, elle arriva, par compromis autant que par hasard, à une monarchie de nouvelle invention qui n'avait la vitalité ni de l'un ni de l'autre de ces modèles, ou plutôt qui n'était pas viable, et qui ne vécut pas. En un mot, elle enfanta une chimère, une impossibilité. Certes, je ne veux pas dire que l'Assemblée Constituante n'ait pas fait d'excellentes lois pour la destruction du passé. Je dis

seulement qu'elle construisit en aveugle l'édifice politique qu'on appelle sa Constitution. Je dis qu'elle n'avait
pas un principe vraiment scientifique pour la diriger dans
cette œuvre. Et la preuve, c'est que, si elle avait eu un pareil principe, ce principe aurait subsisté et subsisterait
encore.

Il en est de la Convention comme de la Constituante.
A l'école de Montesquieu, succéda, dans la Convention,
l'école de Rousseau. Les disciples de Rousseau dirent
anathème aux disciples de Montesquieu ; ils montrèrent
toute l'horreur que leur inspiraient les modèles vantés
par ce Montesquieu, ils brisèrent ces modèles ; ils mirent
à néant l'œuvre bâtarde de la Constituante ; ils ne la lais-
sèrent pas vivre un jour : ils réduisirent toutes les méditations des grands esprits de cette Constituante à avoir
enfanté une feuille de papier couverte de quelques caractères. Mais que produisirent-ils à leur tour ? Une feuille
de papier couverte de quelques autres caractères. Leur
science était celle de Rousseau, mais leur science n'était
pas plus grande que celle de Rousseau. Est-il étonnant
que la Constitution de 1793 n'ait pas été plus viable que
ne l'avait été la Constitution de 1791 ? La Constituante
ne dépassa pas Montesquieu, la Convention ne dépassa
pas Rousseau. L'idée de Montesquieu avait produit un
fantôme de Constitution en 91 ; l'idée de Rousseau ne
produisit également qu'un fantôme de Constitution en 93.
Le principe monarchique n'avait pas pu jouer dans la
mauvaise machine construite par l'Assemblée Constituante ; le principe de la souveraineté du peuple ne put
pas jouer davantage dans la mauvaise machine construite
par la Convention.

Pendant que ces alchimistes travaillaient ainsi empiriquement à réaliser, les uns le programme de Montesquieu, une monarchie modèle ; les autres le programme

de Rousseau, une république modèle, un homme pensait profondément au problème posé par la révolution. Personne n'avait mieux lu que lui l'*Esprit des Lois* et le *Contrat Social*, et personne ne savait mieux l'immense lacune que laissent ces deux livres. Cet homme, c'est Sieyès, c'est l'auteur de la brochure *Qu'est-ce que le Tiers-État ?*

La destinée de Sieyès est la preuve la plus remarquable que l'on puisse donner de cette vérité, que la politique manque encore aujourd'hui d'un axiome fondamental sur lequel puisse se baser une Constitution. Sieyès médita longtemps sur cette œuvre de création qu'on appelle une Constitution ; mais ce fut en vain, et il se vit frustré de l'espoir glorieux qu'il avait nourri de réaliser cette grande découverte. Il en eut une telle douleur, que, pendant les dernières années de sa vie, rien ne pouvait lui arracher une parole. Il ressemblait, disent ceux qui l'ont connu, à ces ombres de l'enfer que Dante interroge vainement sur la cause de leur supplice. Son supplice, c'est qu'il n'avait pas trouvé le mot de la révolution, puisque ni lui ni personne n'avait pu donner à cette révolution une Constitution rationnelle.

Il avait devancé plus que tout autre cette révolution, il avait contribué plus que tout autre à lui ouvrir la carrière : il la laissa d'abord, comme un coursier fougueux, s'élancer devant lui. Il savait bien que le peuple nouveau-né aurait besoin d'un édifice pour se loger. Il méditait sur la forme de cet édifice. La révolution précipitait ses phases ; il méditait toujours. Il laissa ainsi passer la Constituante, l'Assemblée législative, la Convention : il n'avait que dédain pour ceux qui croyaient l'œuvre facile, et qui tranchaient le problème sans le résoudre.

Pendant que les disciples de Montesquieu élaboraient leur constitution, Sieyès les regardait faire d'un air qui semblait leur dire : « Vous errez, et vous ne faites que du vieux ! Il ne s'agit plus ni de monarchie ni d'aristocratie. Il s'agit d'organiser les trois pouvoirs sur une base démocratique, il s'agit aussi de les équilibrer. Votre monarchie mise en présence du peuple, sans intermédiaire, ne tiendra pas. Vous agissez sans principe. Vous n'entendez rien au grand œuvre qui s'appelle une Constitution. »

Et ensuite, quand ce fut le tour des disciples de Rousseau, il leur disait : « Où sont, dans votre Constitution, les trois pouvoirs ? Je ne vois dans ce que vous faites qu'un pouvoir, la représentation du peuple. Quant à votre prétendu pouvoir exécutif, ce n'est pas un pouvoir ; et votre pouvoir judiciaire n'en est pas un non plus. Vous n'êtes pas sortis de l'unité confuse. La souveraineté du peuple, c'est bien ! mais cette souveraineté, il faudrait artistement l'organiser, et vous n'en savez rien faire ; car vous ne faites que la transporter, par délégation, dans les mains d'une assemblée, qui la mettra dans les mains d'une majorité, qui à son tour la remettra à quelques meneurs, peut-être à un seul. Ainsi vous laissez la nation entre la dictature et l'anarchie. Vous n'êtes pas plus forts en fait de constitution, disciples de Rousseau, que les disciples de Montesquieu. Vous encore n'entendez rien au grand œuvre ! »

Sieyès avait raison contre ces alchimistes qui voulaient faire de l'or sans principe ; comme critique, il triomphait. Mais il était lui-même un alchimiste semblable aux autres. Car ou l'idée génératrice d'une Constitution adéquate à la Révolution Française n'existe pas, ou cette idée réside dans les hautes régions de l'intelligence ; elle ne saurait habiter ailleurs. Il est impossible en effet qu'une idée serve de principe à la politique, si elle ne peut en même temps commander à la morale, à la science, à toutes les sciences. En un mot, ce doit être une idée empruntée à la vie, à la loi de la vie; ou plutôt ce doit être la loi même de la vie. Car, pour qu'elle puisse donner ouverture à une conception politique de premier ordre, telle qu'une Constitution adéquate à la Révolution Française, il faut qu'elle explique et la nature essentielle de la société, et l'histoire tout entière, qui est cette société réalisée : or comment le ferait-elle, si elle n'explique d'abord et fondamentalement la nature humaine? Mais si elle explique l'homme, le microcosme, comment ne s'appliquerait-elle pas à l'univers et au gouvernement de l'univers? Loin de restreindre le problème, il fallait donc l'étendre d'abord; et c'était dans la psychologie et la métaphysique qu'il fallait aller chercher ce principe générateur d'une bonne Constitution politique, si l'on voulait, comme faisait Sieyès, réduire le problème de la Révolution et de ses destinées à une Constitution bien faite. Mais Sieyès aurait cru errer en marchant dans cette voie. Le XVIIIe siècle avait dédaigné la métaphysique, et s'était égaré en psychologie. Sieyès ne chercha donc pas le principe générateur de cette Constitution, objet de son désir, où il gît réellement; et, ne le cherchant pas là, il ne le trouva pas. Il travailla, comme ses collègues, dans une région basse où il ne put rien découvrir; et cet esprit inventeur s'épuisa dans des combinaisons peu lumineuses, mais qui révèlent pourtant le grand artiste politique. Elles le révèlent tellement, que, tout négatif qu'il ait été, Sieyès tiendra toujours une place éminente dans une histoire philosophique de la révolution. Tandis que d'autres penseurs, tels que Robespierre, s'élançaient guidés par l'enthousiasme, et se croyaient le droit de transformer rapidement les hommes par la violence afin d'arriver à une Constitution, Sieyès, qui s'était imaginé que tout reposait, au contraire, dans la confection préalable de cette Constitution, n'eut de violent que la pensée. Mais c'était la même œuvre : Robespierre et lui cherchèrent la pierre philosophale, chacun à leur manière; ils la cherchèrent tous deux vainement.

Enfin qu'arriva-t-il des longues méditations de Sieyès? Après qu'il eut vu passer et Mirabeau, et Danton, et Robespierre, il se hasarda. Il fit le 18 brumaire avec Bonaparte, et le lendemain il présenta à son complice l'œuvre si longtemps méditée. Il dut la présenter en tremblant; car, pour avoir tant attendu, il n'était pas plus sûr d'avoir trouvé la vérité. Que fait Napoléon? Il se moque de Sieyès et de son œuvre.....

Un membre à l'extrême droite. Vous vous moquez de nous. (Murmures.)

LE CITOYEN PRÉSIDENT. Je ne sais quel est l'interrupteur, mais je le prie de ne pas continuer des interruptions de cette nature; je serais obligé de le rappeler à l'ordre.

Un membre. C'est digne d'être écouté.

LE CITOYEN PIERRE LEROUX. Que fait Napoléon? Il se moque de Sieyès et de son œuvre; il trouve, et avec raison, cette œuvre obscure, compliquée; il prétend que la nation ne la comprendra pas. Mais, en homme habile, il aperçoit dans cette constitution des idées qui lui conviennent. Comme un conquérant qu'il est, il met au pillage la charte de Sieyès : il s'en empare, il la défigure; et en un instant il fabrique, pour son usage, une constitution que la France adopte, jusqu'au moment où il plaira à Napoléon de la changer pour une autre. Ainsi disparut Sieyès derrière le jeune général qu'il avait choisi lui-même pour l'aider à constituer la France.

Tout ce travail ne servit donc qu'à produire la Constitution despotique de l'Empire. Que prouve cela, sinon que l'axiome fondamental de la science politique ou constituante n'existait pas avant Sieyès, et que Sieyès ne l'avait pas découvert? Sa constitution, que nous connaissons, est un grimoire assez obscur. (On rit.) Certes, si la science politique eût existé à cette époque, Napoléon despote eût été impossible.

Napoléon fut possible, le despotisme fut possible ; oui, le despotisme le plus absolu, un despotisme tel que l'Orient n'en a jamais connu de plus insensé (Oh! murmures), le despotisme du sabre fut possible après la révolution, c'est-à-dire après tant de solennelles déclarations des droits naturels de l'homme et des droits du citoyen. Le trône de Bonaparte déifié succéda à l'échafaud de Louis XVI! Pourquoi cela, encore une fois, sinon parce que la science politique avait fait défaut?

De bonne foi, imagine-t-on que si l'art de constituer n'avait pas manqué toutes ses expériences, Napoléon eût pu arrêter ou plutôt annihiler, pour un temps qui dure encore aujourd'hui, la révolution française? C'est la faiblesse de cette révolution pour se constituer qui fit la force et la tyrannie de Bonaparte.

Au 18 brumaire, cette révolution et celui qui devait la museler, comme on a osé dire, se trouvèrent en présence, dans la conférence qui eut lieu entre les deux hommes qui avaient fait ce 18 brumaire, Sieyès et Napoléon : l'un héritier de toute la science politique qui prépara la Révolution, légataire des penseurs du xviiie siècle, de l'Assemblée constituante, de la Convention ; l'autre, sans aucune science, et si loin de participer à l'héritage de la France qu'il était même étranger à cette France par sa naissance et par son éducation. (Murmures.)

Un membre. La Corse, c'est la France.

Le citoyen président. Napoléon appartient à l'histoire. L'orateur est dans son droit en l'appréciant.

Le citoyen Clément Thomas. Et son appréciation est vraie.

Le citoyen Pierre Leroux. Et pourtant Napoléon fut aisément le maître, et il força Sieyès à disparaître devant lui comme une ombre.

Voulez-vous un autre symbole? Considérez ce qui s'était passé la veille, le Corps législatif ignominieusement chassé de l'orangerie de Versailles par quelques soldats?

Le citoyen Freslon. De Saint-Cloud.

Le citoyen Pierre Leroux. Oui, de Saint-Cloud.

Ainsi la science ayant fait défaut, nous eûmes un soldat pour législateur.

Il vint, ce rêveur qui croyait à la gloire d'Alexandre, à celle de César, aux héros de Plutarque, mais pour qui toutes les gloires modernes de l'esprit humain étaient restées dans l'ombre. Il vint défendre contre l'étranger, consolider en Europe et populariser hors de la France les résultats généraux de la Révolution française. Mais quant à constituer cette Révolution, son ignorance dans cette œuvre n'eut d'égale que son audace. Sous ce rapport, l'esprit humain recula par lui jusqu'à la barbarie.

Il faut convenir néanmoins que la transition de la Révolution à Napoléon avait été faite avant lui; ce n'est pas lui qui l'a faite : cela eût été au-dessus des forces d'un homme. Par son impuissance à s'organiser, la Révolution, je le répète, fraya la voie qui conduisit Napoléon à la fouler aux pieds. D'un côté, l'école de Montesquieu n'avait jamais eu pour idéal qu'une monarchie ou une aristocratie : il est vrai que cette école voulait concilier la liberté, et même un peu d'égalité, avec cette forme de gouvernement; mais elle n'avait pas pu résoudre ce problème. D'autre part, l'école de Rousseau et de Mably avait patronisé les républiques antiques, mais elle n'avait pas pu découvrir le gouvernement républicain; elle avait bien restauré le principe de la souveraineté populaire, mais elle n'avait pas su l'organiser, et n'en avait tiré, en fait comme en théorie, qu'une dictature ou une anarchie. Ainsi, monarchie, aristocratie, dictature, anarchie, voilà les quatre mots qui surnageaient sur la France, quand Napoléon aperçut dans le ciel ce qu'il appelait son étoile.

Il prit l'un de ces quatre mots pour le mal absolu, et il s'arrangea des trois autres. Il enchaîna, comme on dit, l'anarchie, et se fit monarque, dictateur, et chef d'une aristocratie nouvelle. Il dit plus haut que Louis XIV : L'État, c'est moi. Il appela sa famille une dynastie. Il rétablit la féodalité; il renouvela la noblesse; il restaura le catholicisme.

LE CITOYEN DUPIN (de la Nièvre). A la question! à la Constitution!

LE CITOYEN PIERRE LEROUX. Et c'est ainsi qu'avec le plagiat du passé, il crut résoudre le problème d'une législation à donner au monde émancipé. Mais pourquoi tant de grands esprits, nés au sein de l'ère moderne et nourris par elle, n'avaient-ils pu le résoudre?

Il est important toutefois de bien constater le résultat auquel la France arriva, lorsque, se dégoûtant des principes, elle confia témérairement son sort à un dictateur.

Dans la Constitution inventée par Bonaparte, resta-t-il un seul trait de l'idéal de la Révolution? Napoléon, on l'a dit cent fois, traita la Révolution comme Néron traita sa mère, et les désastres qui marquèrent la fin de son règne furent sans doute la peine de son parricide.

Des générations abusées ont applaudi à ce mot de Napoléon : « Je n'aime pas les idéologues. » (Rires.)

Un membre. Il avait bien raison.

Un autre membre. Ni nous non plus.

LE CITOYEN PIERRE LEROUX. On peut voir aujourd'hui où cette haine de la pensée nous a conduits.

Napoléon, par son plagiat du passé, avait creusé un

abîme sous son trône. Au législateur de par Marengo, Iéna, Austerlitz, succéda le législateur de par Waterloo.

Nouvelle preuve de l'ignorance qui règne encore en matière de législation générale et de politique constituante : la France est obligée de s'en remettre à Louis XVIII du soin de ses destinées !

Celui-là, certes, ne fut ni un homme de connaissance ni un homme de sentiment ; ce n'était ni un savant ni un artiste ; il n'avait pour lui ni le prestige de l'éloquence ni celui des exploits guerriers. Qu'était-il donc? C'était un prince.

Puisqu'il fut prince et que c'est là son titre, je n'en dirai rien. Au surplus, ce prince est bien connu. Au bout de tous les éloges que ses courtisans ont pu faire de lui, on trouve cette épitaphe : « Ce fut un homme d'esprit. » Mais, par homme d'esprit, ils entendent un égoïste hypocrite et rusé, occupé de tirer parti du présent, sans se soucier de la France.

Mais, encore une fois, qu'importe son ignobilité! qu'importent les hommes! Ce que nous constatons, c'est que les hommes et leurs défauts n'ont eu tant d'empire que par l'absence des principes.

C'est l'absence d'une véritable science politique qui a permis les folies et les malheurs de Napoléon. C'est la même cause qui a donné Louis XVIII pour législateur à la France.

M. de Chateaubriand a appelé la Charte réformée de 1830 « une Constitution bâclée, en trois coups de rabot, dans une arrière-boutique. » (On rit.) La mauvaise contrefaçon de la Constitution d'Angleterre, que l'émigré Louis XVIII nous rapporta de son exil, fut bâclée sans beaucoup plus de façon. Il est vrai que ce fut dans un manoir féodal.

Voici donc, sous le rapport de l'idée, toute l'histoire politique de la France depuis cinquante ans.

Au début, la pensée de Montesquieu et celle de Rousseau : c'est-à-dire, d'un côté la monarchie de Louis XIV et l'aristocratie anglaise ; de l'autre, le souvenir des républiques de l'antiquité et un vague pressentiment d'avenir.

Après cela, quoi?

L'Assemblée Constituante et la Convention ; c'est-à-dire encore Montesquieu et Rousseau.

Après cela, quoi?

Napoléon, c'est-à-dire le despotisme.

Après cela, quoi?

Louis XVIII, c'est-à-dire de nouveau la monarchie de Louis XIV et l'aristocratie anglaise combinées dans un obscur galimatias. (Hilarité).

Et ensuite?

Je ne sais quoi qui n'a pas de nom, ou qui n'en a pas d'autre qu'anarchie.

Et toujours, depuis cinquante ans, trois partis inextinguibles, aujourd'hui harassés, désillusionnés et défaillants tous les trois : le parti de l'ancienne monarchie française, ou les royalistes ; le parti de l'aristocratie anglaise, ou les girondins ; et le parti de la république.

Nous avons tourné depuis cinquante ans dans un cercle fermé. (A la question !)

Citoyens, le projet de Constitution qui vous est soumis (Ah ! enfin) n'est pas, suivant moi, de nature à nous faire sortir du cercle dans lequel nous avons tourné depuis cinquante ans.

Je ne développerai pas aujourd'hui les différentes critiques que je me crois en droit d'adresser au projet de Constitution. Il faudrait en discuter tous les chapitres. Je me borne aujourd'hui à des assertions : les preuves viendront, si vous voulez bien de nouveau m'accorder votre attention.

J'accuse le projet de n'être fondé sur aucun principe, et de ne procéder d'aucune vérité capable de désarmer les partis.

Je l'accuse d'offrir la combinaison confuse et antinomique de la théorie de Montesquieu et de celle de Rousseau.

Je l'accuse de conserver la monarchie sous le nom de présidence, et par là d'ouvrir carrière à toutes les ambitions.

Je l'accuse de conserver l'aristocratie, puisqu'il n'apporte aucun principe d'organisation sociale.

Je l'accuse de conserver le despotisme en conservant la centralisation (Mouvement).

Je reconnais, du reste, que le projet renferme des idées avancées et révèle d'excellentes intentions ; mais je crois à la nécessité de l'amender profondément dans ses dispositions essentielles, afin que cette Constitution n'ait pas le sort de celles qui l'ont précédée, et ne laisse pas, comme elles, à la postérité, une simple feuille de papier couverte de quelques caractères.

LE CITOYEN DE LA ROCHEJAQUELEIN, *se levant avec vivacité.* Monsieur Pierre Leroux, donnez-nous votre machine, donnez-nous votre science, donnez-nous votre principe. (Rires approbatifs.)

LE CITOYEN DE LA ROCHEJAQUELEIN, *à la tribune.* Messieurs, dans ce moment nous faisons la chose la plus importante qu'il soit possible à une Assemblée nationale de faire. Nous faisons la constitution. M. Pierre Leroux, qui descend de la tribune, nous a dit que tout le monde, les plus grands penseurs, les plus grands esprits, les plus grands philosophes jusqu'à nous et nous tous compris, étaient des ignorants. (On rit.)

Il n ous a dit que la machine était inconnue, que la science était inconnue, que le principe était inconnu; nous ne pouvons pas faire une constitution dans l'inconnu.

Je demande donc que M. Pierre Leroux, qui est la négation personnifiée (Rires), vienne ici nous apporter des affirmations, nous fasse connaître ce que nous ne connaissons pas ; et alors, en gens de conscience, en gens éclairés par ses lumières, s'il en a, nous voterons la constitution. (Marques nombreuses d'approbation.)

Le citoyen président. Cet incident ne doit pas interrompre l'ordre de parole. M. Liouville a la parole en faveur du projet.

———

Séance du jeudi 7 septembre 1848.

PRÉSIDENCE DU CITOYEN ARMAND MARRAST.

L'ordre du jour était la discussion du Préambule du Projet de Constitution. L'Assemblée avait voté l'article 3 de ce Préambule, ainsi conçu : « La » République Française reconnaît des droits et des » devoirs antérieurs et supérieurs aux lois positives, » et indépendants de ces lois. » Mais elle venait, à la suite, d'écarter un amendement du citoyen Detours, ayant pour but de définir ces droits, et de faire une *Déclaration des droits et des devoirs de l'homme et du citoyen*, à l'instar des déclarations de ce genre qui se trouvent en première ligne dans la Constitution de 1791, dans celle de 1793, et dans celle de l'an III.

Le citoyen président. Le citoyen Pierre Leroux a la parole pour une motion d'ordre. (Bruit. — Murmures.)

Le citoyen Pierre Leroux. J'avais déjà demandé hier à notre président de faire cette motion d'ordre ; mais il m'a fait remarquer que cela pourrait nuire à la rapidité de la délibération. Ce qui vient de se passer, les discours que vous venez d'entendre, me prouvent que j'avais raison.

Voici mon observation :

Suivant moi, on a séparé a tort le Préambule des Chapitres I et II de la Constitution.

En effet, dans le Chapitre Ier, la souveraineté est définie en ces termes :

« La souveraineté réside dans l'universalité des citoyens français ;

» Elle est inaliénable et imprescriptible ;

» Aucun individu, aucune fraction du peuple ne peut s'en attribuer l'exercice. »

Cette définition, si l'on dit simplement la souveraineté, si l'on n'ajoute pas au mot *souveraineté* le mot *politique*, cette définition est complétement fausse ; et si l'on ajoute le mot *politique*, elle est encore fausse. En effet, la souveraineté est dans chacun de nous avant d'être dans l'universalité des citoyens.

Voix diverses. Ce n'est pas la question.

Le citoyen Pierre Leroux. Pardon, c'est tout à fait la question (Oui ! oui ! Vous avez raison !), et c'est pour cela que vous venez de voir le débat qui s'est engagé devant vous.

En effet, la question de la souveraineté étant rejetée dans le Chapitre Ier de la Constitution, et des droits antérieurs et supérieurs aux lois positives ayant été reconnus dans le Préambule et n'ayant pas été indiqués, il naît de là une objection évidente : c'est que ceux qui sentent dans leur conscience que la souveraineté entendue comme l'entend l'article de la Constitution est une grossière erreur, ceux qui sentent que la souveraineté est dans l'homme avant d'être dans l'universalité des citoyens, et que vous ne pouvez créer une souveraineté politique absolue, parce que d'abord Dieu nous a faits tous souverains.... (Interruption.)

Eh, messieurs, il faut être étranger aux travaux de la science pour ne pas savoir que, depuis cinquante ans, toutes les discussions ont roulé là-dessus; que Rousseau avait posé d'abord le principe, mais que n'ayant pu indiquer à quelles conditions la souveraineté peut passer légitimement de chacun dans tous, sans cesser cependant de résider dans chacun, il en est résulté l'erreur de la souveraineté absolue de tous, dont on a fait la souveraineté des majorités, qui n'est que le droit du plus fort. J'atteste ici les hommes qui ont pris part à ces discussions : ce qu'on a appelé l'école doctrinaire a très justement combattu ce principe grossier et matériel.

Cette école est venue, au nom de la raison, au nom de Dieu, qui est le principe de la souveraineté; elle est venue dire : « Ceci est grossier, tyrannique, matériel ; » et elle avait raison. C'est avec ce principe, compris comme on l'a fait, sans lien avec la souveraineté qui est dans chacun de nous, qui nous vient de Dieu, qu'on a commis des actes atroces, qu'on a opprimé les minorités, qu'on a élevé des échafauds, qu'on a proscrit des citoyens. Tous les malheurs de la France viennent de l'interprétation grossière du principe de la souveraineté.

Et depuis que je suis dans cette Assemblée, j'ai déjà entendu plusieurs citoyens présenter cette erreur grossière, et je m'en suis affligé au fond du cœur, car je sais tout ce qu'il y a de maux dans cette interprétation.

Vous venez d'entendre mon ami M. Freslon, mon ami M. Detours. L'un vous a dit : Vous violez le droit, si vous ne conservez pas l'article 3 du Préambule qui reconnaît des droits antérieurs et supérieurs aux lois positives. Vous l'avez écouté, et vous avez conservé cet article, qu'on vous proposait de supprimer. L'autre vous a dit : Osez donc déclarer quels sont ces droits antérieurs et supérieurs aux lois positives. Vous avez rejeté sa proposition. Eh bien, à mon tour, je vous dis : Expliquez-vous nettement sur la souveraineté. Pourquoi la commission a-t-elle procédé sans méthode? La commission n'aurait pas dû séparer ce qui était inséparable ; elle n'aurait pas dû énoncer l'existence de droits antérieurs et supérieurs qu'elle ne définit pas, et, d'un autre côté, établir ce principe que je déclare faux : *La souveraineté réside dans l'universalité des citoyens français.* Car avec ce principe, on arriverait tout de suite à cette conséquence que l'universalité est la majorité, et alors les minorités seraient opprimées. Ceci est impossible, citoyens; vous ne voudrez pas, au début d'une Constitution, établir de pareilles erreurs. (Marques d'approbation.)

Le citoyen Dufaure. Ce que vient de dire l'orateur qui descend de la tribune est parfaitement vrai ; seulement il ne s'est pas aperçu qu'il était d'accord avec la commission au moment où il venait la combattre. Il veut que l'on n'accorde la souveraineté du peuple que politiquement, et il fait remarquer que, dans l'article 1er de la Constitution, nous avons dit : *La souveraineté réside dans l'universalité des citoyens français.* Quelle souveraineté? La souveraineté politique. Était-il besoin, pour la commission, de montrer qu'elle proteste contre les doctrines que, si à tort, l'honorable orateur lui attribue? Mais sa protestation, elle avait pris soin de l'inscrire précisément dans l'article que vous venez de voter, et qu'approuve l'honorable M. Leroux.

C'était dans son Préambule, dans cette proclamation solennelle que vous adressez en même temps et à vos

concitoyens et aux législateurs futurs, qu'elle devait inscrire cette doctrine première, qu'avant les lois positives
il y a des droits qui leur sont supérieurs, doctrine contraire à toutes celles qui, en différents temps, ont voulu
attribuer au pouvoir parlementaire la souveraineté absolue contre laquelle proteste avec nous M. Pierre Leroux.
Nous n'avons pas voulu, surtout lorsque le pouvoir parlementaire agit au nom du suffrage universel, c'est-à dire
lorsqu'il a une force qu'il ne peut avoir dans aucune autre
forme de gouvernement, nous n'avons pas voulu placer
l'idée que cette force peut aller jusqu'à violer, jusqu'à
enfreindre, jusqu'à flétrir ces droits qui sont supérieurs
à toutes les Constitutions humaines. Voilà pourquoi, en
tête même de la Constitution, nous vous avons demandé
et vous avez consenti à reconnaître qu'il y avait des droits
antérieurs et supérieurs à toutes les lois positives. C'est
là une protestation éclatante contre cette doctrine de souveraineté absolue dont parlait tout à l'heure M. Pierre
Leroux ; c'est une proclamation éclatante contre les doctrines du *Contrat Social* et contre quelques uns des actes
de la Convention.

Voilà ce que vous venez d'inscrire dans le Préambule
de votre Constitution. Maintenant, quand vous viendrez
à la Constitution même, quand vous voterez l'article 1ᵉʳ de
cette loi positive, lorsque vous direz que la souveraineté
réside dans l'universalité des citoyens, vous le direz sous
les conditions, avec les restrictions que vous avez écrites
dans le Préambule ; vous direz que c'est la *souveraineté
politique*, exclusivement politique, qui appartient à l'universalité des citoyens. Voilà le sens qu'a l'article 1ᵉʳ de la
Constitution, le seul sens qu'il puisse avoir ; et, je le dis à
regret, l'honorable préopinant s'est étrangement mépris,
il est tombé dans une erreur qu'un peu de sang-froid lui
aurait permis de reconnaître, quand il a cru que la com-

mission avait commis cette erreur qu'il appelle grossière. Nous l'avons si peu commise, que nous avons pris soin de la proscrire par l'article même que nous venons de voter.

———

Séance du vendredi 15 septembre 1848.

PRÉSIDENCE DU CITOYEN ARMAND MARRAST.

La question de la Souveraineté ayant été ainsi écartée pour le moment, et le Préambule voté, l'Assemblée passa au Chapitre Ier de la Constitution. Mais ce ne fut pas sans une nouvelle proposition faite par M. Detours de consacrer au moins, par une disposition spéciale . insérée à la fin du Préambule, le *suffrage universel et direct*, comme un de ces droits antérieurs et supérieurs aux lois positives qui avaient été reconnus dans le Préambule. L'argumentation de M. Detours était pleine de force et de solidité. « Vous avez proclamé l'existence de droits antérieurs et supérieurs aux lois positives, disait-il à l'Assemblée ; mais vous avez refusé de dire en quoi ces droits de l'homme et du citoyen consistent. Que devient donc votre proclamation, et quel en est l'effet ? Cette reconnaissance ouvre la voie à deux choses également funestes : le despotisme, et l'insurrection. Le despotisme, prétextant que vous n'avez pas défini ces droits, peut les fouler aux pieds, et il n'y manquera pas. L'insurrection reste donc un droit et un devoir, comme l'avaient déclaré nos précédentes Constitutions, qui avaient au moins l'avantage sur vous de définir les droits et de déclarer par conséquent ce qui rendait l'insurrection criminelle ou légitime. Au moins sauvez un de ces droits, qui est certainement antérieur et supérieur à votre Constitution comme à toutes les révisions qui pourront en être faites ; sauvez le *suffrage universel et direct.* »

La Commission n'avait rien trouvé à répondre, mais elle avait fait écarter la proposition de M. Detours par l'ordre du jour.

On passa donc au Chapitre I", sans avoir voulu traiter la question de la Souveraineté, qui s'était présentée plusieurs fois, grâce à l'absence de toute méthode rigoureuse dans le travail de la Commission, ou plutôt grâce au désir qu'elle avait d'éviter les périls d'une véritable définition de la Souveraineté.

Nous allons voir que la Commission, sommée par nous de s'expliquer sur ce point capital, n'a pas même daigné répondre.

LE CITOYEN PRÉSIDENT. Nous passons au Chapitre I", *De la Souveraineté.* Je lis l'article 1" de la commission :

« La Souveraineté réside dans l'universalité des citoyens français.

» Elle est inaliénable et imprescriptible.

» Aucun individu, aucune fraction du peuple ne peut s'en attribuer l'exercice. »

Sur le premier paragraphe : « La Souveraineté réside dans l'universalité des citoyens, » M. Pierre Leroux a demandé la parole. (Bruits divers.)

LE CITOYEN PIERRE LEROUX. J'entends plusieurs membres qui, me voyant à la tribune le Projet de Constitution à la main, prétendent m'empêcher de parler, en disant que ce que j'apporte à la tribune est déjà écrit et même imprimé. (Agitation.)

LE CITOYEN PRÉSIDENT. Il est impossible qu'un orateur quelconque puisse se faire entendre au milieu d'un aussi grand tapage. J'invite, par conséquent, l'Assemblée au silence et les membres qui sont debout à s'asseoir.

LE CITOYEN PIERRE LEROUX. Si j'apportais ici un discours écrit ou imprimé, j'en aurais le droit; je ne sache aucune loi qui puisse empêcher un représentant du peuple de venir ici avec sa pensée écrite. C'est montrer beaucoup de respect pour l'Assemblée que d'apporter à la tribune des opinions préparées et méditées.

Plusieurs membres. Lisez! lisez!

LE CITOYEN PIERRE LEROUX. Je n'ai rien écrit; je ne viens pas avec un discours écrit, je n'entretiendrai l'Assemblée que pendant quelques minutes. (Bruit.)

LE CITOYEN PRÉSIDENT. L'orateur explique, au contraire, qu'il n'a rien écrit et qu'il improvisera. Seulement, il s'est exprimé sur une observation qui lui a été faite, qu'il apportait à l'Assemblée un discours imprimé.

LE CITOYEN PIERRE LEROUX. Nous avons tous le droit d'apporter ici des discours écrits ou imprimés, et de les lire à l'Assemblée. Je ne comprends pas que l'on ait pu faire une proposition pour empêcher un représentant du peuple d'exprimer sa pensée en venant lire un discours. Nos électeurs ne nous ont pas demandé si nous étions orateurs, improvisateurs; ils nous ont demandé des pensées raisonnables, sages, méditées; et je dis, qu'en apportant à cette tribune des pensées méditées, on ne manque pas de respect à l'Assemblée.

Je n'ai que quelques paroles à dire sur l'article 1ᵉʳ, ou plutôt sur le chapitre 1ᵉʳ.

Je trouve d'abord, et j'ai déjà eu occasion de faire cette remarque, que la Constitution n'est rédigée dans aucun ordre méthodique; et je crois que, dans les discussions qui ont eu lieu, nous avons eu occasion de nous en apercevoir. Il est évident que la Constitution devait être divisée en deux parties, une sur l'organisation de l'État, et une autre sur les principes fondamentaux de la société humaine et sur la souveraineté. Au lieu de cela, faute de principes, faute d'une synthèse, on a répandu dans le Préambule certains points, certaines assertions, et on a ensuite traité de la Souveraineté. C'est ainsi que, dans une des séances précédentes, nous avons eu à discuter cet article : « La République reconnaît des droits et des devoirs antérieurs aux lois positives et indépendants de ces lois. » Eh bien, vous savez ce qui est arrivé. La question de la Souveraineté n'ayant pas été examinée, il en est résulté qu'il a été impossible de définir ces droits et ces devoirs; et tout à l'heure encore vous venez d'entendre l'amendement de M. Detours, qui a été rejeté par la majorité, et dont la discussion aurait dû venir après celle du principe de la Souveraineté.

En effet, qu'a dit M. Detours? Il a dit : « Vous n'avez pas le droit, vous République, de nier la souveraineté de chacun, de nier le suffrage universel et direct; car la souveraineté est dans chacun, dans chaque homme. C'est là le principe; il n'y a pas de république sans cela : conséquemment, j'ai le droit d'affirmer qu'aucune assemblée ne pourra violer ce principe. Reconnaissez donc le principe, c'est-à-dire reconnaissez où est la souveraineté. »

Voilà ce que disait l'amendement de M. Detours. Cette question revient à chaque instant. Elle devait donc être traitée la première, elle devait prendre le pas avant tout; il n'y avait point de Préambule à faire avant qu'elle fût résolue. Mais vous n'avez pas voulu qu'il en fût ainsi; et nous voilà réduits à discuter une prétendue définition de la Souveraineté, après que la question même a été dix fois déjà résolue par des votes, sans l'avoir été réellement en logique et en raison, et sans avoir même été posée.

Je discuterai néanmoins votre définition, telle que vous l'avez faite, et là où vous l'avez mise.

Je fais lecture de l'article : « La souveraineté réside dans l'universalité des citoyens.... » Elle *réside*, voyez combien ces mots sont flasques et vides, combien ils sont vagues. En disant que la souveraineté réside dans l'universalité des citoyens, on peut faire une Constitution très monarchique ; et, quant à moi, je prétends que la Constitution présente sera infiniment monarchique. Je ne vois pas une grande différence entre cette Constitution et l'établissement monarchique qui existait antérieurement. En effet, je vois un président chargé du pouvoir exécutif (Murmures, — Interruption). Permettez-moi de vous le dire, rien ne peut empêcher le principe monarchique de sortir de votre mauvaise définition de la Souveraineté.

Cette définition a été prise dans la Constitution de l'an III ; mais, dans la Constitution de l'an III, il était dit que la Souveraineté résidait *essentiellement* dans l'universalité des citoyens français. Vous supprimez ce mot *essentiellement*, qui a son importance, et vous dites vaguement qu'elle réside dans l'universalité des citoyens français (Marques d'impatience).

Dans la Constitution de 93 il était dit : « Le peuple souverain est l'universalité des citoyens français ; » mais un autre article disait que le peuple délibérait sur les lois : par conséquent cette souveraineté n'était pas aliénée.

Vous dites ensuite : « La Souveraineté est inaliénable et imprescriptible. » D'abord *inaliénable* a toujours été employé, dans la science politique, comme exprimant que la souveraineté était dans chacun et s'exerçait par chacun directement. Voilà le sens dans lequel Rousseau et tous ceux qui ont partagé ses principes, y compris la Constitution de 93, ont entendu que la souveraineté était inaliénable.

Vous admettez, au contraire, la délégation et la représentation : pourquoi dites-vous que la souveraineté est *inaliénable ?* Il n'y a pas à se servir de ce mot, dont l'usage est consacré, dans une Constitution par représentation et uniquement par représentation.

Vous ajoutez : « Aucun individu, aucune fraction du peuple ne peut s'en attribuer l'exercice. »

Ces mots n'ont aucune exactitude, *aucun individu ne peut s'en attribuer l'exercice.*

Il était dit dans la Constitution de l'an III qu'aucun individu ne pouvait s'attribuer la souveraineté en essence ; mais ici vous ajoutez que personne ne peut s'en attribuer l'exercice. Or, certainement, soit l'Assemblée législative, soit le président de la République, s'en attribueront l'exercice (Mouvement).

Plusieurs voix. Comment pourrait-il en être autrement?

LE CITOYEN PIERRE LEROUX. Maintenant je prends la question au fond, et je dis que cette définition de la Souveraineté n'est pas vraie ; qu'écrire ainsi la Constitution c'est escamoter les difficultés, et que ce n'est pas résoudre les problèmes. En effet, avec cette définition de la Souveraineté résidant dans l'universalité des citoyens français, rien n'empêche, par exemple, qu'on ne fasse des lois préventives relativement à la presse. Croyez-vous que le principe de la vraie Souveraineté ne sera pas violé par ces lois? Moi, je prétends que la vraie Souveraineté politique a trois termes, et qu'elle s'exerce à la fois par chaque citoyen, par la presse, et par l'État. Ainsi, je crois que la liberté de la presse est un des trois termes égaux et également nécessaires de la Souveraineté. Je crois que le libre examen, que la liberté de conscience, et d'autres droits qu'il n'est pas nécessaire d'énumérer ici, sont également un apanage de la Souveraineté, et sont imprescriptibles dans chaque individu. Si donc, après avoir écrit que la Souveraineté du peuple réside dans l'universalité des citoyens, vous ne comprenez, par Souveraineté, autre chose que ce droit vague auquel vous ne donnez pas même, comme le demandait tout à l'heure M. Detours, une base inviolable dans le suffrage universel; si, dis-je, vous réduisez à cela la Souveraineté, il en résulte qu'en vertu de cette définition même vous pouvez violer complétement le vrai principe de la Souveraineté, qui, primitivement, essentiellement, est dans chaque homme.

J'ai rédigé tout à l'heure un amendement ainsi conçu :

« La Souveraineté n'appartient à aucun homme, roi, prince, empereur, ou de quelque autre nom qu'on appelle le despotisme; elle n'appartient à aucune caste, à aucune aristocratie, à aucune classe; elle appartient à chaque citoyen, et elle n'appartient à tous que parce qu'elle appartient à chacun. (Rires.) Concilier la Souveraineté de chacun avec la Souveraineté de tous, est le but de la Constitution républicaine. »

Ce problème a été posé continuellement par tous ceux qui se sont occupés de république; il n'est nullement résolu dans la présente Constitution. Voilà pourquoi, n'ayant pas su le résoudre, la Commission s'est vue forcée de l'écarter, en plaçant dans le Préambule la reconnaissance de droits supérieurs et antérieurs à la Constitution.

Qu'a-t-elle donc réservé pour le texte même de la Constitution? D'abord la très mauvaise définition de la Souveraineté que nous venons de voir; ensuite un amalgame très confus de certains droits qu'on dit *garantis* aux citoyens par la Constitution. Ces droits ne sont nullement analysés ; ils ne sont pas rassemblés dans un ordre méthodique, mais s'entassent au hasard ; il y a quelques uns de ces droits qui sont de ceux antérieurs et supé-rieurs aux lois positives, et qu'on ne distingue pas d'autres qui évidemment n'ont point ce caractère.

Ainsi, quant à la presse, je dis qu'elle est un des termes de la Souveraineté, et que, par conséquent, il faudrait écarter et prohiber, de la façon la plus absolue, les lois préventives qui ne doivent jamais exister pour la presse. Voyez cependant l'ignorance là-dessus ! le ministère a apporté dernièrement des lois qui établissent des mesures préventives, des cautionnements contre la presse. Eh bien, cela est contraire au principe de la Souveraineté du Peuple, de la Souveraineté de chacun manifestée par tous. Vous n'avez aucun droit sur ma pensée, sur ma parole : ceci est un de ces droits que vous-mêmes appelez antérieurs et reconnaissez supérieurs aux lois positives. Mais, direz-vous, tout droit a une limite. Oui, tout droit a une limite, parce que le droit de chacun est limité par le droit de tous ; de telle sorte que si par la presse j'attaque le droit des autres, il y a une limite que je dépasse, et je suis dans mon tort. Mais vous n'avez pas le droit de faire des lois préventives. Vous pouvez faire des lois répressives ; là est la limite de votre droit. Il faudrait donc établir soli-dement, dans la Constitution, ce principe relativement à la presse. Alors on ne serait pas exposé à faire ce que nous avons fait, et ce qui est une atrocité contre le dogme républicain... (Oh ! oh ! — Rumeurs et rires), c'est-à-dire frapper la presse par des lois préventives.

De même, je le répète, que les publicistes ont distin-gué dans l'État trois pouvoirs, de même il faut distinguer dans la Souveraineté trois pouvoirs.

Je dis, en premier lieu, que le droit qu'a chacun de nous du libre examen sur toute loi, le droit de l'accepter dans son for intérieur ou de la rejeter, tout en s'y soumettant jusqu'à révision, est un droit politique de la Souveraineté que chacun possède.

Je dis ensuite que le droit qu'a chacun d'appeler la société tout entière à perfectionner ses lois, par conséquent le droit absolu que chacun a d'exprimer sa pensée sans prévention, est encore un apanage de la Souveraineté, inhérent à la qualité de citoyen.

Voilà deux termes qui n'ont pas été distingués; et cependant il est si important de les distinguer, qu'il n'y a ni liberté ni constitution sans cela. A l'un se rapporte l'amendement de M. Detours; l'autre rappelle toutes les discussions qui se sont élevées sur la presse à l'occasion des lois préventives et restrictives.

Ce second principe est violé dans beaucoup d'articles du Projet de Constitution; j'en citerai un exemple.

Quand le Projet arrive à ce qui concerne la liberté de la presse, il n'établit pas la liberté de l'imprimerie, et permet encore le monopole. Si la distinction de la Souveraineté avait été faite, si ses trois termes avaient été reconnus, ce monopole aurait été écarté.

Je demande que la Commission ait à corriger les articles qu'elle a présentés dans le chapitre en discussion, attendu que je vois beaucoup de défauts dans ces articles. Je suis certain qu'ils pourraient prêter matière à la destruction même de la Constitution.

La Commission ne peut nier que la Souveraineté ne soit dans chacun avant d'être dans tous. Qu'elle nous dise donc comment elle arrive à résoudre le problème de la conciliation de la Souveraineté politique dans chacun avec la Souveraineté politique dans tous.

Elle énonce vaguement que la Souveraineté (et encore

elle ne dit même pas politique) réside dans l'universalité des citoyens; je vous demande si un pareil énoncé a quelque clarté, quelque précision, quelque force. *Dans l'universalité*, qu'est-ce que cela veut dire? cela ne veut pas même dire *dans tous*. Ainsi, on pourrait rétablir le suffrage à deux degrés, et le principe de la Souveraineté du peuple ne serait pas blessé!... On pourrait rétablir des censitaires et des non-censitaires, et on dirait que nous sommes en république!... On pourrait faire des lois préventives contre la presse, on en a fait déjà; et on dirait que nous avons la meilleure des républiques!... On pourrait violer la sûreté personnelle, et soutenir que la Souveraineté résidant dans l'universalité des citoyens n'est pas entamée!

Je trouve dans le Projet une religion de l'État, puisque j'y trouve des ministres de *cultes reconnus par la loi*, tandis que d'autres cultes ne le sont pas. Si une religion de l'État, si des cultes privilégiés ne sont pas la plus étrange violation du principe de la Souveraineté, je n'ai plus rien à dire. En vérité, conserver de pareilles dispositions, c'est ne rien changer à la monarchie sous laquelle nous avons si tristement vécu et que nous avons combattue. Or toutes ces dispositions, que nous verrons ultérieurement à mesure qu'on discutera le Projet, ont leur point de départ et trouvent leur permission d'exister dans la définition de la Souveraineté, vague, incertaine, sans principe, que la Commission nous présente.

Je dépose mon amendement sur le bureau.

Le citoyen président. M. Pierre Leroux propose l'amendement suivant :

« La Souveraineté n'appartient à aucun homme, roi, prince, empereur, ou de quelque autre nom qu'on appelle le despotisme ; elle n'appartient a aucune caste, à aucune aristocratie, à aucune classe ; elle appartient a

chaque citoyen, et n'appartient à tous que parce qu'elle
appartient à chacun. (Exclamations et rires.) Concilier
la Souveraineté de chacun avec la Souveraineté de tous
est le but de la Constitution républicaine. »

L'amendement est-il appuyé? (Non! non! — Oui!)

Je le mets aux voix.

(L'amendement, mis aux voix, est rejeté.)

Séance du lundi 1er septembre 1848.

La question de la Souveraineté ayant été ainsi
décidée sans aucune lumière, on passa au Chapitre II,
intitulé : *Droits des citoyens garantis par la Constitution*. La liberté de conscience et de religion figure
au nombre de ces droits, mais avec un établissement
de *cultes privilégiés, reconnus par la loi et salariés par
l'État*, qui abolit la liberté de religion de la manière
la plus certaine et la plus évidente. L'ordre du jour
appelle la discussion sur ce point.

LE CITOYEN PRÉSIDENT. Je lis l'article 7 du Projet.

« Art. 7. Chacun professe librement sa religion, et
reçoit de l'État, pour l'exercice de son culte, une égale
protection.

» Les ministres des cultes reconnus par la loi ont seuls
droit à recevoir un traitement de l'État. »

Sur cet article 7 il y a plusieurs amendements. Le
premier est de M. Pierre Leroux, qui propose de réduire
l'article tout entier à ces mots :

« Chacun professe librement sa religion. »

Le citoyen Lherbette. C'est la suppression du traitement !

Le citoyen président. M. Pierre Leroux a la parole pour développer son amendement.

Le citoyen Pierre Leroux. Citoyens représentants, je ne suis point partisan de la distinction absolue du spirituel et du temporel, autrement dit, de la séparation de l'Église et de l'État; car cette séparation n'est pas conforme, selon moi, à l'unité vers laquelle doit tendre le Genre Humain. Mais, puisque nous sommes dans un temps où cette division de la religion et de la politique s'est emparée de tous les esprits; puisque vous vous efforcez d'effacer ce qui, dans les expressions les plus simples et les plus claires, peut, de près ou de loin, rappeler la religion, je désire que vous soyez conséquents avec vous-mêmes, et que vous admettiez dans toute son étendue cette séparation de l'ordre politique et de l'ordre religieux; je pense que vous ne pouvez entrer dans un système de compromis qui aurait ce double et fâcheux résultat de faire taxer l'État d'hypocrisie et de jeter de la défaveur sur l'Église.

Or je vous demande si, en proclamant, d'une part, la liberté des cultes, c'est-à-dire en déclarant l'État indépendant de tous les cultes, qu'il s'engage seulement à protéger, et en reconnaissant toutefois, d'autre part, un privilége pour *certains cultes*, dont les ministres seraient salariés par l'État, vous ne donneriez pas lieu au compromis auquel je fais allusion.

Voyez, en effet, comment est conçu l'article de la Constitution sur lequel j'ai proposé mon amendement : « Chacun professe librement sa religion, et reçoit pour son culte une égale protection. Les ministres des cultes reconnus par la loi ont seuls droit à recevoir un traitement de l'État. »

Quels sont donc ces cultes qui, suivant l'article 7, sont reconnus par la loi? De quelle loi veut-on parler? Il n'est qu'une loi qui jusqu'ici ait privilégié certains cultes ; et cette loi, c'est le Concordat. Personne n'ignore cependant jusqu'à quel point le Concordat est une œuvre d'hypocrisie, l'œuvre d'un gouvernement entre les mains duquel la religion fut uniquement un moyen de gouverner. (Rumeurs.)

Le citoyen Charles Dupin. Je demande la parole.

Le citoyen Pierre Leroux. Les Chartes de 1815 et de 1830 confirmèrent le Concordat par des raisons politiques du même ordre. Des hommes que l'esprit de l'Évangile n'inspira jamais, pour qui le gouvernement de la société n'était qu'un maniement d'affaires, devaient regarder les ministres de tous les cultes, et principalement ceux du culte catholique, comme ils regardaient les nombreux employés de leur ordre administratif. L'État n'était pas religieux; mais sa politique lui commandait de se faire un instrument de la religion. Les hommes d'État disaient alors de la religion ce qu'ils disaient du travail : La religion est un frein, laissons la religion au peuple.

Citoyens représentants, serait-il digne de la République de marcher sur les traces du gouvernement de l'ex-roi Louis-Philippe? Les prêtres de certains cultes seront-ils encore initiés aux tendances du *système*, comme on disait naguère, et engagés par leur condition de mercenaires à faire aboutir ces tendances! Toujours réduits à prôner le présent comme parfait et immuable, perdant tout idéal au contact de leurs maîtres temporels, seront-ils encore forcés d'accepter le rôle subalterne d'instruments dans les mains de l'État?

Peu de temps avant la révolution de Février, des voix amies conseillaient au clergé de France de secouer le joug honteux sous lequel il gémissait, et conjuraient l'État de lui rendre la croix de bois en place de la croix d'or. Un esprit de liberté se faisait jour parmi les ministres du culte catholique. J'espère que cet esprit a grandi depuis ce temps, et qu'il se fera jour avec plus d'éclat encore au sein même de cette Assemblée.

Mais, citoyens représentants, comprenez ceci : c'est que, si l'abolition du salaire des prêtres importe à l'affranchissement de l'Église, la même abolition n'importe pas moins à l'indépendance de l'État. L'Église et l'État ne recueillent, de rapports qui ne sont point basés sur la foi commune, qu'un esclavage réciproque. Cette grande lutte de l'Université et du Clergé, voyez-vous dans l'article 7 de la Constitution un moyen d'y mettre fin? Oui, répondra-t-on, puisque la Constitution proclame, en outre, la liberté de l'enseignement. Mais cela ne veut pas dire apparemment que l'État renonce à son droit d'enseigner. Eh bien, puisque l'État n'a point de religion, le voilà forcé, pour enseigner la religion aux enfants, d'appeler à lui les docteurs du Catholicisme, c'est-à-dire tout le clergé catholique. Il en résulte que ce clergé se trouve de fait, sinon de droit, le clergé d'une religion admise par l'État, puisque l'État, qui le salarie, a besoin de son aide spirituelle. Comment, alors, ne prétendrait-il pas avoir la haute direction de l'enseignement, et n'aspirerait-il pas à remplacer l'Université? A mon sens, tant que les ministres catholiques seront salariés par l'Etat, leur double prétention de diriger l'enseignement de l'État et d'enseigner eux-mêmes sans contrôle sera fondée.

Quoi! la religion catholique est, en fait, la religion dominante du pays; en fait, cette religion est admise par l'État à titre de privilégiée, et ses ministres n'auraient pas la direction de l'enseignement public! Mais cela est tout-à-fait inconséquent! Qui donc a plus le droit d'enseigner que la religion? Et qui aussi pourrait la contrôler lorsqu'elle enseigne? Si vous voulez sortir de cette difficulté, abolissez le salaire des prêtres ou proclamez l'État catholique.

Pour terminer sur ce point, j'aime à supposer que vous ne voulez pas prolonger indéfiniment le compromis hypocrite que nous avons vu subsister depuis quarante ans à la grande honte des deux parties intéressées, et je raisonne désormais dans cette hypothèse.

Citoyens, cette hypothèse admise, que vous ne voulez pas faire de la religion un instrument de la politique et de la politique un moyen d'abrutissement pour l'esprit humain, permettez-moi de vous demander quelles seraient les raisons de décider en faveur de l'article 7 du Projet de la Commission et de rejeter mon amendement. Aurait-on en vue, par hasard, d'être agréable aux nombreux fidèles qui pratiquent les cultes reconnus par le Concordat, ou se ferait-on un devoir d'aider au maintien du Catholicisme et du Protestantisme officiel, comme étant les expressions les plus avancées de la religion? Dans le premier cas, je ferai remarquer qu'il ne s'agit pas de plaire à la majorité des citoyens sans tenir compte des intérêts de la minorité, et qu'il y a là une question d'équité naturelle à résoudre.

S'il est juste, légitime, indispensable, de faire contribuer par l'impôt tous les citoyens indistinctement et sans exception au maintien de la société civile, vis-à-vis de laquelle tout citoyen est nécessairement engagé, il est au contraire souverainement injuste et irrationnel de prélever, pour le soutien d'une Église particulière, un impôt sur la généralité des citoyens; ce qui fait peser la charge et sur les citoyens qui ne suivent les pratiques d'aucun culte, et sur ceux qui ont des cultes étrangers au Protestantisme officiel et au Catholicisme.

J'ajouterai que, loin de servir à la religion, c'est-à-dire à un fond divin et éternellement progressif, on empêche son développement, on se rend complice de sa pétrification, de son ensevelissement dans les vieilles formes. Qu'importe que toute la face de la France soit couverte d'églises, et que le moindre hameau ait son prêtre? Cela ne prouve rien en faveur de la religion; car cela ne prouve pas une interprétation plus avancée des dogmes et des mystères. Quel progrès voulez-vous que puisse faire une religion dont les ministres sont enchaînés par des liens tout matériels? Eh! qui sait d'ailleurs? les temps sont peut-être venus d'une nouvelle phase, d'une nouvelle époque pour la religion! Le scepticisme du monde en général, le scepticisme de l'Etat en particulier, et votre scepticisme à vous qui cherchez en vain un principe de certitude, n'a peut-être pas d'autre cause que l'avénement prochain de cette nouvelle phase. Comment cette phase viendra-t-elle, si vous ne proclamez l'indépendance absolue de tous les cultes, la liberté des sectes, et si vous ne la réalisez en faisant à tous les cultes et à toutes les sectes des conditions égales vis-à-vis de l'Etat?

Ne salariez aucun culte, et par là mettez la vérité au concours. Vous avez en France des catholiques, des protestants, des juifs; parmi les protestants, plusieurs communions qui n'appartiennent ni à la confession d'Augsbourg, ni à l'église réformée de Calvin. Vous avez de plus des sectes nouvelles, issues de la philosophie. Que toutes ces sectes, régies par les mêmes lois de liberté, soient soumises aux mêmes chances matérielles d'existence et de durée, n'aient d'autre appui moral et intellectuel que celui qu'elles puiseront en elles-mêmes et dans leur degré de vérité.

Car voyez ce qui arrivera si vous en décidez autrement. Nous retomberons, à cet égard, dans l'état où nous étions sous la monarchie ; nous verrons se renouvelèr les proscriptions contre les sectes religieuses ; nous serons de nouveau soumis à cette jurisprudence qui proscrivait des communions protestantes, en se fondant sur ce qu'elles n'étaient pas *reconnues par la loi.* Ai-je besoin de rappeler l'inique arrêt de la cour d'Amiens contre les protestants Baptistes, et l'inique arrêt de la cour de Cassation confirmant la dispersion des Mennonites, expulsés du lieu de leur réunion par un commissaire de police ! Voilà ce qui se passa sous la monarchie, et je déclare que je vis alors avec chagrin le Protestantisme officiel ne point protester contre cette violation de la liberté des cultes.

Le citoyen Coquerel. Il a protesté, j'ai dressé moi-même la protestation.

Le citoyen Pierre Leroux. Le principe du Protestantisme supérieur à toutes les questions qui divisent les sectes protestantes, c'est la tolérance. Luther, Zwingle, Arminius, OEcolampade, Calvin, ne s'accordent pas et ne s'excluent pas pour cela absolument les uns les autres. Aussi trouve-t-on les Mennonites depuis long-temps établis dans toute l'Allemagne, en Hollande, en Angleterre. N'est-il donc pas étrange qu'on leur interdise la manifestation de leur culte en France, dans la patrie de Montaigne, de Voltaire, de Rousseau, et de Montesquieu, qui, certes, étaient des protestants d'une autre trempe, et après le dix-huitième siècle, dans un pays régi par des lois dites de liberté? Une secte qui politiquement est si peu à craindre qu'elle se trouve vivre en sécurité dans les États despotiques du Nord, une secte qui religieusement est d'accord, ou peu s'en faut, avec tout le Protestantisme officiel de France ; cette secte, parce qu'elle porte le nom de Mennonite, au lieu de s'appeler Calviniste ou Luthérienne, ne pourrait avoir d'église en France !

Ah ! il est temps qu'un pareil état, indigne de la France, indigne de la religion, indigne des ministres des cultes qui jusqu'ici ont vécu du monopole, cesse et ne se renouvelle plus. Nous avons voulu écrire en tête de notre Constitution que nous adoptions la république pour conserver à la France l'initiative du progrès et le poste le plus avancé de la civilisation. Si, après réflexion, nous avons supprimé ce programme, certes ce n'est pas à dire que nous voulions rester en arrière de tous les peuples libres. Hé bien ! sur ce point de la liberté des sectes, nous ne pouvons pas rester en arrière des États-Unis, sans abandonner complètement le programme que nous avions eu l'intention de proclamer. Pour nous élever au degré de liberté des États-Unis, et je dirai même de toutes les nations éclairées de l'Europe, nous n'avons, dans la position où nous sommes, qu'un moyen : c'est de voter l'abolition du salaire des prêtres de tous les cultes.

Le citoyen Coquerel. Je demande la parole pour un fait personnel. (Oh ! oh ! — Réclamations diverses. — Bruit.)

Le citoyen président. M. Coquerel a la parole pour un fait personnel.

Un membre. Il n'y a pas de fait personnel.

Voix diverses. Parlez ! parlez !

Le citoyen Coquerel. Je viens seulement, en peu de mots, relever une assertion inexacte de l'honorable préopinant qui descend de la tribune. Les arrêts de la cour de Cassation et de la cour royale d'Amiens qu'il a rappelés ont été, en effet, le sujet d'une protestation que j'ai rédigée moi-même, et qui a été signée par tous les pasteurs des deux églises de Paris.

Le Protestantisme officiel, comme l'honorable préopinant l'a appelé, n'a jamais voulu de la liberté pour lui seul; il l'a toujours voulue pour tout le monde et pour toutes les communions.

LE CITOYEN PRÉSIDENT. L'amendement de M. Pierre Leroux est-il appuyé? (Non! non! — Oui!) Je le mets aux voix. (L'amendement est rejeté.)

———

Séance du mercredi 20 septembre 1848.
PRÉSIDENCE DU CITOYEN ARMAND MARRAST.

Dans le Projet de la Commission, la liberté de la presse figure aussi au nombre des *droits des citoyens garantis par la Constitution*. Mais la liberté de l'imprimerie, sans laquelle il n'y aura jamais de véritable liberté de la presse, n'y figure pas. Un amendement additionnel fut, en conséquence, proposé, pour rendre cette industrie aussi libre que toutes les autres.

LE CITOYEN PRÉSIDENT. M. Pierre Leroux propose un amendement additionnel ainsi conçu :

« L'imprimerie ne peut être soumise à aucun monopole. »

Il a la parole pour développer son amendement.

LE CITOYEN PIERRE LEROUX. Citoyens représentants, je n'ai vraiment que quelques mots à dire pour soutenir l'amendement que je propose. Il me paraît impossible que vous ne le votiez pas. Vous ne pouvez laisser subsister un monopole qui viole tous les principes d'une bonne Constitution.

Ce monopole résulte d'un décret despotique de Napoléon, qui a frappé en même temps la presse non périodique, le journalisme, et l'imprimerie, instrument de la liberté de la presse.

Vous savez ce qui s'en est suivi; l'imprimerie est

devenue la proie des hommes de police et des bureau-
crates. Il est certain que cet art a été livré complétement à une véritable inquisition pendant de longues
années. Ceux qui exerçaient cet art, et j'étais un de
ceux-là, avaient à côté d'eux des commissaires de police
et des agents chargés de venir examiner les écrits
qu'ils imprimaient, de surveiller d'une façon occulte tout
le travail des imprimeries.

Cela constitue évidemment une censure préalable, et
rend la liberté de la presse illusoire.

Or, tout à l'heure, j'ai entendu des membres de la
Commission déclarer à cette tribune qu'ils repoussaient
toute censure préalable.

Je déclare que le monopole de l'imprimerie est une
censure préalable de la plus forte espèce, et il est facile
de le démontrer. Il n'y a pas long-temps, M. Guizot, voulant intimider la presse, n'eut pas autre chose à faire
que d'intimider les possesseurs de brevets; et ce jour-là,
les journalistes ne trouvèrent pas d'imprimeurs pour
imprimer leurs revues et leurs journaux.

Il est certain que quand un pouvoir despotique voudra
intimider les possesseurs de brevets, les faire craindre
pour leur fortune, à l'instant même la liberté de la presse
sera suspendue; car à l'instant même les possesseurs de
brevets deviendront les arbitres de la pensée des écrivains. Avant et depuis 1830 cette situation s'est souvent
reproduite.

Donc, si vous laissez subsister le monopole de l'imprimerie, il est certain que vous laissez subsister une
censure préalable, que le ministère de l'intérieur ou le
ministère de la police peuvent exercer arbitrairement et
quand ils le veulent. Cela est incontestable; c'est un fait
connu de tout le monde.

Vous savez, citoyens, qu'il y a déjà longtemps que

les abus de cet état de choses ont été appréciés. Après 1830, Benjamin Constant présenta une loi pour l'abolition du monopole de l'imprimerie. Cette loi fut même votée et adoptée, article par article, par la Chambre des Députés; seulement, cette Chambre, qui apparemment ne voulait pas de la liberté de la presse, et qui, en général, n'aimait pas la liberté (la suite l'a bien montré), rejeta cette loi, quand il s'agit de voter l'ensemble. Voulez-vous faire ou ne pas faire quelques progrès sur la Chambre de 1830?

Ce monopole n'existe dans aucun pays libre; il n'existe ni en Angleterre, ni en Suisse, ni en Belgique, ni aux États-Unis. Permettez-moi de répéter à ce sujet ce que je disais la dernière fois que j'ai eu l'honneur de monter à cette tribune. Vous avez eu quelque temps l'intention de déclarer, dans le Préambule de votre Constitution, que la France se placerait à la tête des nations pour leur donner l'exemple, résolue à s'avancer de plus en plus dans les voies du progrès. Eh bien, je dis que le monopole dont il s'agit n'existe dans aucun pays libre; il n'existe ni en Angleterre, ni en Suisse, ni en Belgique, ni en Amérique. Il est évident que, si vous ne détruisez pas ce monopole, vous ne serez pas en avant, mais en arrière.

Enfin, j'ajouterai que ce monopole est complétement contraire aux principes mêmes que vous avez posés. Ainsi, vous avez posé comme un principe la liberté d'industrie; eh bien, il est évident que si la liberté d'industrie est un principe, vous ne pouvez pas permettre le monopole de l'imprimerie. Tous les hommes qui s'occupent de cet art ont droit à l'usage de leur propriété; l'usage de leur propriété est l'exercice du talent qu'ils ont acquis; ils ne peuvent pas exercer librement ce talent sous l'empire du système actuel. Ce système est donc attentatoire à la liberté d'industrie et contraire au droit de propriété. Vous avez trois ou quatre mille personnes qui vivent à Paris de cette industrie, et, d'après le décret despotique de Napoléon, Paris ne compte que quatre-vingts brevets d'imprimeur. Voilà bien des gens spoliés du droit que vous avez proclamé avec tant d'éclat.

Le décret permet au pouvoir de donner arbitrairement des brevets hors de Paris : vous le voyez, ceci est encore une chose très abusive; car il s'ensuit que ces brevets peuvent être réservés à la faveur. On sait à combien d'abus, d'abus honteux, a donné lieu cette faculté laissée aux ministres de faire des largesses avec un droit qui appartient à tous les citoyens. On sait à quel prix il est arrivé, par exemple, que trois, quatre, cinq brevets se sont trouvés dans les mêmes mains. Tout cela est connu; ce sont des scandales honteux qu'il faudrait abolir, et je crois qu'il n'y a pas de meilleure occasion de les abolir que d'insérer dans la Constitution un principe aussi incontestable.

Maintenant je dirai qu'en effet c'est une liberté antérieure et supérieure à toute loi positive que celle d'émettre librement et sans prévention sa pensée. Sous ce rapport, la liberté de l'imprimerie rentre dans une question qui se trouve depuis huit jours dans toutes nos délibérations. Depuis huit jours il devrait être clair pour tous ici qu'il y a, dans la violation de certaines libertés, l'éclatante violation du principe même de la Souveraineté, contre lequel rien ne devrait prévaloir.

La question est là au fond; mais, comme elle a été déjà soulevée, je ne veux pas la traiter à cette occasion. J'insiste uniquement pour vous dire que, par une multitude de raisons, vous devez détruire le monopole de l'imprimerie.

Et il n'y a pas à m'objecter que les imprimeurs actuels, vivant du monopole, auraient droit à des indemnités. Je

répondrai à cela qu'ils peuvent avoir droit à des indemnités, mais que la Constitution n'est pas encore terminée,
qu'elle n'est pas promulguée, et que par conséquent le
ministère a tout le temps de nous apporter un projet
relativement à ces indemnités.

Ce serait très mal argumenter que de nous dire: Vous
violerez le principe de la liberté d'industrie, le principe
de la liberté de la presse; vous conserverez une véritable
censure préventive contre la manifestation de la pensée:
pourquoi? parce qu'il y a un monopole dont nous ne
savons comment indemniser ceux qui le possèdent.

Je réponds que le ministère sera, par notre décision,
mis en demeure de nous présenter un projet relativement à cette indemnité.

LE CITOYEN PRÉSIDENT. M. Vivien a la parole au nom de
la Commission de Constitution.

LE CITOYEN VIVIEN. Deux principes ont dirigé la Commission dans son travail; elle a voulu d'abord n'introduire
dans la Constitution que des dispositions essentielles, et
éviter tout ce qui pourrait la surcharger sans utilité véritable; elle a voulu, en second lieu, éviter d'y introduire
des règles trop absolues, et dont l'application immédiate
pouvait occasionner de la perturbation. C'est en vertu de
ce double principe que je viens combattre l'amendement
soumis à l'Assemblée.

La législation actuelle sur l'imprimerie doit être réformée, réformée radicalement. Elle n'est point conciliable
avec les nouveaux principes qui seront établis par la
Constitution; mais les questions qu'elle soulève ont une
immense gravité; et l'on a déjà vu quelles étaient les difficultés qui s'attachent à l'établissement d'une législation
nouvelle sur cette matière. L'honorable auteur de l'amendement a lui-même rappelé à l'Assemblée ce qui est arrivé
en 1830. Benjamin Constant avait proposé une loi sur

cette matière. Elle fut longuement discutée, tous les articles furent adoptés ; et, à la fin de la délibération, la Chambre des Députés s'aperçut elle-même de ce qu'il y avait de défectueux et d'incomplet dans le travail qu'elle avait fait. Elle rejeta donc tous les articles qu'elle avait votés en détail.

Vous comprenez, en effet, que l'imprimerie se lie à la fois et aux intérêts de la liberté de la presse, et aux intérêts de la morale publique, et aux intérêts de la propriété littéraire. Enfin, à Paris, il y a des spéculations considérables, des entreprises d'une grande valeur qui sont constituées sous l'empire de la législation actuelle. Si, par une ligne insérée à l'improviste et, j'ose le dire, témérairement dans la Constitution, vous veniez tout à coup détruire ce qui existe, vous jetteriez le trouble dans une industrie considérable.

Réservons cette question pour les lois organiques. Alors elle sera examinée avec l'attention qu'elle comporte ; aujourd'hui, elle ne pourrait pas l'être. Nous demandons le rejet de l'amendement. (Appuyé !)

LE CITOYEN PRÉSIDENT. Vingt membres ont demandé le scrutin de division. (Vives exclamations à droite.)

Voix nombreuses. Le scrutin secret !

LE CITOYEN PRÉSIDENT. Que ceux qui veulent le scrutin secret veuillent bien rester debout.

(Un grand nombre de membres se lèvent à droite.)

LE CITOYEN PRÉSIDENT. Plus de quarante membres demandent le scrutin secret ; il va y être procédé.

Voici le résultat du scrutin :

<pre>
Nombre des votants................ 621
Majorité absolue......... 311
Boules blanches (pour)..... 143
Boules noires (contre)...... 478
</pre>

(L'amendement n'est pas adopté.)

Séance du lundi 25 septembre 1848.

PRÉSIDENCE DU CITOYEN ARMAND MARRAST.

L'Assemblée était arrivée, dans la discussion, aux *pouvoirs publics*, c'est à-dire à l'organisation du gouvernement ou de l'État.

LE CITOYEN PRÉSIDENT. Nous passons à l'article 18, chap. III, *Des pouvoirs publics.*

M. Pierre Leroux a fait une proposition. (Exclamations.) Est-il présent? (Oui! oui!)

La proposition de M. Pierre Leroux, qui a été distribuée à l'Assemblée, consisterait à placer un paragraphe additionnel en tête du chapitre relatif aux pouvoirs publics.

Je donne le texte à M. Pierre Leroux.

LE CITOYEN PIERRE LEROUX. Citoyens, voici l'amendement que je propose comme paragraphe additionnel qui serait placé en tête du chapitre III, *Des pouvoirs publics.* Nous sommes, en effet, arrivés à la constitution de l'État. Tout ce qui a précédé se distingue parfaitement de ce qui va suivre. Dans toute la première partie, en y comprenant le Préambule, le chapitre de la Souveraineté, et le chapitre des Droits reconnus et garantis aux citoyens, il n'a été question que de principes. A partir du troisième chapitre, il s'agit de l'organisation de l'État. Voulant vous présenter mes idées sur l'organisation de l'État, j'ai introduit un amendement qui a pour tendance de modifier le surplus de la Constitution, c'est-à-dire tout ce qui regarde l'organisation des pouvoirs publics.

Voici cet amendement :

Paragraphe additionnel :

« L'Assemblée Nationale,

» Considérant qu'il existe dans la connaissance humaine

un principe qui n'est autre que la loi même de la Vie, principe enseigné par toutes les grandes religions et toutes les grandes philosophies, sous le nom de Trinité, reconnu sous la forme de la foi par l'immense majorité des hommes qui peuplent l'univers, et en particulier par la majorité des Européens et par la majorité des Français (1);

» Que ce principe, bien qu'il n'ait jamais été appliqué avec délibération aux Constitutions politiques, n'en est pas moins visible dans toutes les Constitutions dont nous admirons la durée, et que c'est à lui que l'on doit rapporter cette durée;

» Considérant, en outre, que la connaissance de ce principe nous fait un devoir de l'appliquer;

» Voulant substituer la lumière de la raison à un aveugle empirisme, le consentement à l'obéissance, la liberté à l'esclavage;

» Décrète que la Constitution politique de la République sera organisée d'après ce principe, afin de mettre cette Constitution en rapport avec la loi même de la Vie, de la rendre rationnelle et inattaquable, et d'anéantir par là,

(1) Je dois constater, dans l'intérêt de la vérité, et pour montrer combien j'ai droit d'en appeler du jugement porté sur mes idées par l'Assemblée Nationale, qu'à cet endroit de la lecture que je faisais de mon amendement, je fus interrompu par une longue et bruyante explosion de rires entremêlés de cris et de murmures. Le *Moniteur* ne mentionne pas cette interruption, sans doute parce que les sténographes ne prennent pas la peine de recueillir les amendements dont ils ont le texte écrit ou imprimé. Combien ce spectacle d'une grande assemblée chargée de faire une Constitution, et se livrant, au moment où on alléguait devant elle ce qu'il y a de plus saint dans la religion, de plus profond dans la philosophie, à ce rire inextinguible des dieux d'Homère que provoque une maladresse de Vulcain, me fit de mal et me pénétra de douleur! Je m'étais préparé à une sérieuse exposition des grandes lois qui président aux destinées humaines: ce rire, en me montrant que je ne serais pas compris, me fit rentrer mon discours dans l'âme; et je me bornai à l'espèce de *protestation* qu'on va lire.

dans leur germe, les ambitions qui tendraient à la détruire. » (Interruption.)

Voix nombreuses. Aux voix ! aux voix !

Autres voix. Parlez ! parlez !

LE CITOYEN PRÉSIDENT. L'orateur propose un article additionnel qui doit précéder le chapitre des pouvoirs publics. Maintenant qu'il l'a lu, je demande à l'Assemblée s'il est appuyé.

Voix nombreuses. Non ! non !

Autres voix. Parlez ! parlez !

LE CITOYEN THIERS. Il faut écouter. Parlez, monsieur Pierre Leroux, parlez !

Plusieurs membres. Laissez l'orateur développer sa pensée.

LE CITOYEN PIERRE LEROUX. Il s'agit d'organiser véritablement l'État. (Interruption.)

Je prétends que la Constitution qui nous est soumise n'organise pas l'État. Il me semble que j'ai bien le droit de développer cette opinion. (Oui ! oui ! — Parlez !)

Il y aurait, d'ailleurs, une grande injustice à m'empêcher de parler. Dans vingt discours il a été fait allusion aux doctrines que je professe. Je me suis entendu souvent accuser de la façon la plus injuste... (A la question ! à la question !)

Je n'ai jamais demandé la parole pour répondre à ces accusations. On m'a souvent sommé de présenter des idées fondamentales... (Pas du tout. — Si ! si !)

Des orateurs l'ont fait à cette tribune. Je citerai MM. de Tocqueville, Thiers, et d'autres membres encore, M. de Lamartine.... (Marques d'impatience. — A la question !)

Je m'étonne, au surplus, que dans une assemblée où j'entends souvent parler du Christianisme, quand je viens, au nom du principe fondamental du Christianisme, démontrer qu'il est possible d'arriver à une organisation rationnelle, à une organisation qui commande par la raison l'obéissance, et qui ne l'impose pas despotiquement, on s'efforce d'étouffer ma voix. Ce projet de Constitution qu'on ne me permet pas de vouloir modifier est-il donc si admirable? Cette Constitution qu'on nous prépare, voulez-vous que je vous dise ma pensée? elle nous menace de toutes sortes de périls; elle est pleine de dangers; elle nous mènera fatalement à des conséquences tout à fait funestes. (Marques d'impatience.)

Le salut est dans une organisation véritable de l'État. Pour le prouver, il suffirait d'un coup d'œil rétrospectif sur vos discussions précédentes. Vous vous êtes occupés de l'organisation du travail. (A la question! à la question!)

S'il y a ici des citoyens qui aient un parti pris de m'interrompre, ils sont complétement injustes. J'ai été envoyé ici par près de 100,000 citoyens; je ne respecterais pas ceux qui m'ont nommé, si je cédais lâchement devant des clameurs. (Parlez! parlez!)

J'atteste toutes vos discussions antérieures pour montrer que le problème fondamental, c'est l'organisation de l'État. Quand il s'est agi du droit au travail, certes tout le monde ici, j'aime à le penser du moins, rendait justice à la réclamation d'une partie de la société. On voulait bien reconnaître le droit au travail, mais on se demandait comment il était possible d'organiser le travail. C'est qu'en effet le droit au travail entraînait nécessairement une certaine organisation du travail, laquelle à son tour entraînait l'organisation de l'État.

S'il était possible d'avoir une véritable organisation de l'État, tous ces problèmes qui paraissent insolubles ne le paraîtraient plus. C'est précisément parce que l'État n'est pas organisé, et que la Constitution qu'on nous présente ne l'organise nullement (Marques d'impatience); c'est pour cela que vous avez été obligés d'écarter tous ces problèmes, et de là le vide et l'avortement de toutes vos discussions précédentes sur ces points.

Considérez, citoyens, la situation de la France et du monde. On nous a reproché souvent, à nous qu'on appelle socialistes, de faire des tableaux effrayants de la misère, comme si réellement les socialistes n'avaient pas été occupés, depuis vingt-cinq ans, non pas d'envenimer les plaies de la société, mais de les guérir. Quant à ces plaies, elles viennent précisément de l'absence d'organisation.

S'agit-il du mal moral, il y a cinquante-six ans déjà qu'au sein de la Convention Saint-Just s'écriait : « L'esprit humain est aujourd'hui malade; tout ce qui existe doit changer. » Et il y a vingt-cinq ans qu'un de nos collègues, un homme illustre, un écrivain célèbre, émettait cette pensée : « La société est en poussière. »

Et dernièrement, à propos de la question de l'enseignement, vous avez vu que l'on a reproduit avec raison cette assertion, que l'esprit humain est en décomposition, est en dissolution. Au reste, l'anarchie qui règne ici le prouve suffisamment. (Rires et murmures.)

Un membre. Vous n'êtes pas poli, monsieur Pierre Leroux. (On rit.)

LE CITOYEN PIERRE LEROUX. Quant au mal physique, dans la discussion sur le travail, l'excès de ce mal a été démontré. (Violente interruption.)

LE CITOYEN PRÉSIDENT. Vous n'êtes pas tolérants pour les orateurs qui ne vous plaisent pas. Le droit de la tribune exige cependant qu'on écoute même les choses qui vous contrarient ; c'est évident.

Voix diverses. L'orateur n'est pas dans la question !

LE CITOYEN PIERRE LEROUX. C'est la question; car enfin comment voulez-vous que j'établisse la nécessité d'une régénération et d'une organisation de l'État? Je prétends que la Constitution n'organise rien. Nous avons été envoyés ici pour organiser; *constituer* ne veut pas dire autre chose; et cette Constitution ne fait que constituer l'anarchie, et que reproduire, sous des noms nouveaux, l'établissement informe qui existait avant le 24 Février.

Je dis qu'il y a nécessité d'une organisation de l'État qui contribue à régénérer la société tout entière. Vous m'interrompez quand je vous parle des maux de la société. Permettez-moi de vous dire que je n'ai pas été converti par les raisons qui m'ont été apportées dans la discussion sur la fixation des heures de travail.

En effet, après que j'eus parlé sur cette question, que me fut-il répondu par l'honorable M. Charles Dupin? C'est là une chose importante; veuillez écouter!

Il s'agissait des données générales d'après lesquelles on peut apprécier l'état des misères matérielles d'un pays. J'avais cité ce fait incontestable, que la population ne s'accroissait pas plus en France aujourd'hui qu'en Portugal et en Turquie. (Bruits divers.)

Cette donnée est parfaitement exacte; et M. Charles Dupin est venu lui-même la confirmer à cette tribune. Mais comment a-t-il prétendu vaincre cette considération? Par ce qu'il a appelé l'augmentation de la vie moyenne. Il vous a dit : La vie moyenne a augmenté de dix ans depuis 1770. L'Assemblée a applaudi, et la presse qui soutient les mêmes opinions que M. Charles Dupin a paru triomphante. Eh bien, c'est une étrange illusion, je n'hésite pas à le dire, que M. Dupin vous a apportée là; car l'augmentation de ce qu'on appelle la vie moyenne ne signifie rien du tout. Qu'est-ce en effet que ce qu'il a plu aux statisticiens d'appeler la vie moyenne? C'est le rapport du chiffre de la population au chiffre des décès. On prend d'une part le chiffre de la population, de l'autre celui des décès , et l'on divise l'un par l'autre. Or il y a un fait certain; c'est que depuis 1770 le nombre des naissances diminue continuellement, et dès lors aussi le nombre des décès, puisque les naissances donnent lieu dans les premières années à un plus grand nombre proportionnel de décès. Si donc le rapport entre le chiffre de la population et celui des naissances a augmenté, cela tient uniquement à ce que la France, aujourd'hui , avec 35 millions de population, ne produit pas plus de naissances annuellement qu'en 1770 avec 23 millions. Je n'ai pas besoin d'insister sur ce point, je le livre à vos méditations; c'est un critérium certain de notre situation sous tous les rapports (1).

Je reviens à mon argumentation, et je répète de nouveau que, sous tous les rapports , une régénération est nécessaire. Or comment peut-elle s'établir? Par l'organisation de l'État. Eh bien, je vous le demande, l'État est-il organisé ?

L'Assemblée est venue ici, au nombre de neuf cents citoyens représentant la nation; mais quelle organisation y a-t-il au sein de l'Assemblée? Aucune. Cependant on a essayé de mettre un peu d'ordre dans ce chaos; on a créé des comités. Le travail qui s'est fait par l'Assemblée s'est fait par un essai d'organisation ; seulement je dis que cet essai n'a rien de rationnel.

L'Assemblée future, que vous la composiéz de neuf cents ou de six cents membres, s'il n'y a pas de principe d'organisation consacré dans la Constitution, ne sera pas plus apte que celle-ci à faire de bonnes lois. Il n'y a moyen de faire de bonnes lois, comme de rendre de bons jugements, comme de bien administrer le pays, qu'en vertu

---

(1) Dans la deuxième édition, en ce moment sous presse, de notre *Discours sur la fixation des heures de travail*, nous nous efforcerons de faire briller de tout son éclat la sagesse de M. Charles Dupin.

d'une science de l'organisation. Considérez le corps humain, considérez tous les êtres vivants. L'organisation est le principe même de leur existence. Comment donc concevoir un pays organisé sans un État organisé? Je demande ce que serait un corps qui n'aurait pas de tête. (On rit.)

La Constitution proposée n'organise rien. Cette Constitution achèvera de désorganiser la France : elle conserve la monarchie, l'aristocratie, et l'anarchie; elle est de nature à amener la guerre civile ; pour le moins, elle amènera le despotisme. Il n'y a d'organisé aujourd'hui que l'armée; ce sera le despotisme militaire qui clora cette Constitution.

Cette Constitution étant évidemment défectueuse, il faut en chercher une autre. C'est ici que vient la science.

Dans une séance précédente, je disais que la science politique n'était pas encore complétement révélée aux intelligences. Je ne vous disais pas qu'elle manquât absolument : la preuve que, suivant moi, elle existe, c'est la Constitution que je vous ai soumise; car, suivant moi, celle-là est fondée sur la science. La Constitution que je vous ai soumise est religieuse ; la Révolution n'est-elle pas une religion en germe? La Constitution que je vous ai soumise part de la nature divine : l'athéisme, disait Robespierre, est aristocratique. (Aux voix! aux voix!)

Je m'étonne qu'on ne veuille pas m'écouter sur un point si important; car tous ceux qui ont étudié la science politique savent positivement que toutes les théories faites jusqu'ici sont des ébauches qui roulent sur ce point: la trinité politique. Ainsi, dans le Projet même de Constitution que vous discutez en ce moment, vous retrouvez encore confusément ce même principe. En effet, vous avez là trois pouvoirs, un pouvoir législatif, un pouvoir exécutif, un pouvoir judiciaire. Seulement, selon moi, l'organisation de ces trois pouvoirs, dans le Projet que vous discutez, est très mal imaginée. On a séparé ces pouvoirs en essayant de les unir, sans y réussir. C'est toujours la vieille théorie de la pondération des pouvoirs ; tandis que, suivant moi, en vertu de la loi qui a présidé à toutes les Constitutions que l'Humanité a engendrées spontanément, loi que nous pouvons aujourd'hui saisir par la réflexion, et par conséquent appliquer, non plus instinctivement, mais sciemment, il nous serait facile d'organiser le Corps de la Représentation Nationale de manière à établir dans ce corps, avec distinction, les trois corps politiques, c'est à-dire le corps législatif, le corps exécutif, et le corps judiciaire. De là résulterait la possibilité de ce que j'appelle une Gérance Nationale, qui abolirait tout à fait le principe monarchique.

Si vous voulez bien, en effet, considérer la Constitution qui vous est proposée, vous verrez qu'elle ressemble tout à fait à une monarchie. Le président du Projet de la commission, c'est un monarque : il a le pouvoir exécutif ; de lui dépend toute l'administration, et il exerce, par la centralisation, une immense influence sur toutes les activités, sur tout le territoire. De plus, il a auprès de lui un conseil d'État, lequel prime toujours l'Assemblée législative ; car ce conseil d'État est nommé pour six ans, tandis que l'Assemblée n'est nommée que pour trois ans (Aux voix ! aux voix !), en sorte que ce conseil d'État est toujours antérieur et supérieur à l'Assemblée législative. Ce conseil d'État ne fait pas les lois, me dira-t-on. N'est-ce pas les faire, au premier chef, que de les préparer ? S'il ne les vote pas définitivement, il les élabore ; et comment, à ce titre, ne dominerait-il pas l'Assemblée, quand il a, d'ailleurs, la direction de tout ce qui tient au droit administratif ? Mais lui-même, par le rapport dans lequel il se trouve avec le pouvoir exécutif, tombe sous la domination de ce pouvoir.

Je trouve là l'organisation monarchique telle qu'elle existait avant le 24 Février. Je ne puis pas y voir autre chose. Je trouve là, sous des mots nouveaux, une pure répétition d'une organisation qui a été déclarée radicalement impuissante pour régénérer la société et pour l'organiser.

Maintenant, si vous voulez que j'explique en peu de mots mon idée... (Interruption), qu'au surplus vous avez pu voir dans le projet de Constitution qui vous a été distribué ; mon idée consiste à faire de la Représentation Nationale...

Plusieurs membres. Aux voix! aux voix! aux voix!

Voix nombreuses. Parlez! parlez!

Le citoyen Pierre Leroux. ... La représentation véritable de la nation. N'est-il pas vrai que la nation est composée de travailleurs à tous les degrés? Elle est composée de savants, d'artistes, et d'industriels. Eh bien, par une loi électorale très simple, beaucoup plus facile à exécuter que la loi actuelle, je dis qu'il est possible, en détruisant à la fois toute influence de corruption dans les élections, et ce que l'on a appelé avec raison des élections de clochers (Murmures), d'organiser le Corps de la Représentation Nationale, de manière que ce corps soit composé de représentants véritables de tout ce qui constitue la nation, c'est-à-dire de représentants de la science, de l'art, et de l'industrie. (Aux voix! aux voix!)

Il suffit, en effet, que la loi électorale établisse une spécialisation dans les candidatures.

Cette loi, je le dis, est très praticable. Considérée dans son principe, elle ne diffère pas de la loi d'élection qui a été proposée par Laplace, et appuyée à une certaine époque par M. Arago : c'est l'élection générale, que plusieurs membres de la commission ont, je crois,

soutenue dans le sein de cette commission. Mais, en
même temps que c'est l'élection générale, c'est la spécialisation de toutes les candidatures, et par conséquent
le moyen d'établir une clarté et une lumière au sein de la
Représentation Nationale, qui, pour moi, compose l'État.

Voilà le principe général.

Maintenant, quant à l'application, si vous le désiriez,
j'entrerais dans plus de détails. (Rumeurs diverses. —
Parlez! parlez!)

Au surplus, je dirai qu'en principe le mode que je présente n'est pas autre chose que l'organisation des pouvoirs que vous croyez avec raison être contenus tous ensemble et confusément dans cette assemblée.

En effet, quand vous êtes venus dans cette assemblée,
nommés par le suffrage universel, vous avez cru renfermer en vous tous les pouvoirs, pouvoir exécutif, pouvoir judiciaire, pouvoir législatif : voilà la vérité ; vous
vous êtes tenus pour la représentation de toute la nation.
Seulement, faute de savoir comment organiser les trois
pouvoirs républicainement et en seul corps, la Constitution que l'on vous propose organise ces trois pouvoirs
d'une façon que j'appelle monarchique, aristocratique, et
anarchique. Mais toujours est-il que le système proposé
par moi n'est pas autre chose que l'organisation de cette
souveraineté nationale que l'Assemblée croit renfermer
en elle-même.

Ainsi, dans ce système, les trois pouvoirs se trouvent
distincts et en même temps unis. L'unité de ces pouvoirs
est établie par ce que j'appelle la Gérance. Or, relativement à ce point, j'aurais toute l'histoire pour soutenir que
cette combinaison d'une présidence trinaire est la meilleure des combinaisons, si l'on veut échapper à la monarchie ; je vous montrerais que toutes les nations, lorsqu'elles ont voulu sortir du despotisme, ont été amenées

à cette organisation qu'on appelle dans l'histoire le triumvirat. Je vous montrerais aussi pourquoi cette organisation n'a pas réussi dans le passé.

Maintenant que nous avons la loi de cette organisation, maintenant que nous sayons comment et à quelles conditions trois hommes nommés par les trois pouvoirs, et représentant la prédominance de facultés différentes, peuvent être en harmonie et non en discorde, nous pouvons concevoir l'établissement d'une république véritable, c'est-à-dire une Représentation dont la tête, ce qu'on appelle la présidence, ne soit pas autre chose qu'un milieu entre les trois Corps qui constituent la Représentation. (Rumeurs diverses. -- Interruption.—Tumulte.)

Je crois, citoyens, que cet ordre d'idées mériterait votre attention. Il paraît que vous ne le pensez pas, je le vois à vos murmures. Eh bien, c'était un devoir pour moi de vous apporter la vérité. Le temps n'est plus où Képler disait : « Je demande à Dieu un lecteur dans cent ans. » Puisque vous ne voulez pas m'entendre, il y aura des lecteurs pour mes idées. (Bruits divers.)

LE CITOYEN PRÉSIDENT. Le paragraphe additionnel de M. Pierre Leroux est-il appuyé? (Non! non!) S'il n'est pas appuyé, l'Assemblée n'a pas à s'en occuper.

Ainsi, il ne s'est pas trouvé dans toute l'Assemblée, ni à droite, ni à gauche, ni au centre, ni dans la Plaine, ni dans le Marais, ni sur la Montagne, une voix, une seule voix, pour demander que notre système eût au moins les honneurs d'un vote; il a été rejeté, sans vote, à l'unanimité. Si donc nous avons la vérité de notre côté (et nous l'avons!), c'est le cas de dire : *Vox clamans in deserto.*

EXTRAITS DES JOURNAUX.

Le lecteur vient de voir comment l'Assemblée Nationale a accueilli nos idées; il sera peut être curieux de connaître aussi le jugement de la presse, de la presse telle que l'état de siége nous l'a faite. Chose incroyable! la Constitution se discute en pleine restauration des lois de septembre, et sous le régime de la suppression des journaux! Quel effroyable chaos! Si jamais œuvre demanda l'enthousiasme de la pensée, qui ne peut exister qu'avec la plénitude de la liberté, c'est assurément le vote d'une Constitution. C'est alors, ou jamais, que la Souveraineté de chacun doit être éclatante et respectée de tous. Eh bien, c'est précisément le moment choisi pour interrompre toutes les lois. Les lois sont suspendues, et l'idée même de l'équité est suspendue avec elles! Il n'y a plus de droit, et la notion de l'humanité est ébranlée dans tous les cœurs; il n'y a de légitime et d'autorisé que le despotisme militaire. Un homme armé règne, c'est-à-dire que c'est son arme qui règne! Un sabre vibre dans les airs sur la tête de tous les citoyens! Voilà le *Veni Spiritus* de la Constitution qui se fabrique!

Nous aurions aimé à connaître l'appréciation de notre illustre collègue, M. de Lamennais ; mais son *Peuple Constituant* s'est tu volontairement, pour ne pas autoriser les lois préventives contre la liberté de penser et d'écrire. Il nous eût été utile de voir notre utopie, puisqu'on la nomme ainsi, examinée dans la feuille qu'avait fondée Raspail, cet esprit novateur qui plane sur tous les préjugés et qu'aucune vérité, pour être nouvelle, n'effraya jamais ; mais *l'Ami du Peuple* a cessé de paraître, et soixante mille suffrages, en investissant du mandat de Représentant le fondateur de cette feuille, n'ont pas eu assez de crédit auprès de l'Assemblée dont il est membre pour faire ouvrir les portes de sa prison. Un jugement motivé du remarquable journal où Proudhon faisait vivre sa pensée aurait eu tout droit à notre attention, à notre réflexion ; mais *le Représentant du Peuple* a été frappé comme les autres. Quant à *la Vraie République*, dont le titre porta notre nom uni à ceux de nos amis Barbès et Thoré, et à celui de la femme illustre qu'aujourd'hui l'envie voudrait, à force d'outrages, faire repentir de son génie et de tous les dons qu'elle a reçus de Dieu, il nous eût été doux de savoir ce que pensaient ces amis si chers au sujet de notre projet d'organisation politique : mais cette feuille véridique a été frappée des premières, elle a succombé au premier rang. Parmi les autres feuilles que Février fit éclore, combien encore avaient droit de nous juger ! On en conviendra, quant à la presse du moins, notre Projet de Constitution n'a pas eu tous les juges qu'il devait avoir.

On verra comment il a été, non pas examiné, non pas jugé, mais *dénigré*, par les vieux suppôts de toutes les erreurs et par leurs émules de fraîche date. On verra aussi des témoignages qui nous consolent dans celles des feuilles dévouées au progrès et à la cause du peuple qui ont survécu.

———

LE CONSTITUTIONNEL.

(Lundi 25 septembre 1848.)

« On n'a pas oublié que, lorsque M. Pierre Leroux, dans une des dernières séances, descendait de la tribune, après avoir accusé le projet de Constitution de n'être fondé sur aucun principe, M. de Larochejaquelein lui cria au milieu de l'hilarité générale : « Et votre principe ! et votre machine ! » M. Pierre Leroux vient de répondre à cette interpellation ; il consent à nous révéler son principe, et il nous apporte sa machine : c'est un projet de Constitution complet, projet fondé, ainsi qu'il le dit, *sur la loi même de la vie*, c'est-à-dire sur la distinction dans l'homme de l'intelligence, de l'amour, et de l'activité. Nous donnons quelques extraits de cette curieuse rêverie philosophique, divisée en articles de loi. Le nombre *trois* joue, comme on verra, le principal rôle dans le monde un peu fantastique que se propose de créer M. Pierre Leroux.

» Voici le début :

EN PRÉSENCE ET SOUS L'INVOCATION DE DIEU, triple et un à la fois, qui a créé l'homme Intelligence-Amour-Activité, parce qu'il l'a créé à son image,

Et au nom de la solidarité qui réunit tous les hommes dans la même

Humanité, comme s'ils étaient le même être, parce qu'ils sont en effet la même espèce,

L'ASSEMBLÉE NATIONALE....

» Dans le premier paragraphe on voit apparaître le principe de la *triade*, que nous retrouvons à chaque page dans la Constitution de M. Pierre Leroux; et, dans le second, il pose les bases de ce Communisme nuageux et mystique dont il est l'inventeur.

» Suit la proclamation du dogme républicain; ce dogme se résume dans les *trois* mots sacramentels : Liberté, Égalité, Fraternité. Mais M. Pierre Leroux les accompagne d'un commentaire dont nous ne citerons qu'un passage, pour en faire apprécier l'esprit et la forme :

Sainte devise de nos pères, non, tu n'es pas un de ces vains assemblages de lettres que l'on trace sur le sable et que le vent disperse. Triangle mystérieux qui présidas à notre émancipation, qui servis à sceller nos lois, et qui reluisais au soleil des combats sur le drapeau aux trois couleurs, tu fus inspiré par la Vérité même, comme le mystérieux triangle qui exprime le nom de Jéhovah, et dont tu es le reflet... .

» M. Pierre Leroux nous donne ensuite la déclaration des droits et des devoirs des citoyens. « Avant de constituer l'État, dit-il, nous établirons les principes mêmes de la société humaine, et nous en déduirons la vraie souveraineté. » Or voici ces principes :

Art. 1ᵉʳ Les principes de la Société résultent de la nature de l'homme.

Art. 2. L'homme, considéré comme individu, est fait à l'image de son Créateur; il est triple et un : Sensation — Sentiment — Connaissance.

Art. 3. L'homme manifeste son existence par rapport à la nature et à ses semblables par un triple besoin, sans la satisfaction duquel l'homme est dans la souffrance.

Art. 4. Ce triple besoin de l'homme s'exprime par ces trois mots : Propriété, Famille, Patrie.

Art. 5. L'homme n'est pas un être isolé, existant absolument et par lui-même. La vie de chaque homme est attachée à une communication incessante avec ses semblables. De là cette loi : L'homme satisfait son triple besoin de Propriété, de Famille, de Patrie, avec le concours de ses semblables. Cette loi est l'image sur la terre de la solidarité qui unit les hommes dans la pensée divine.

Art. 6. L'homme a droit à la Propriété, à la Famille, à la Patrie ; mais tout homme a le même droit, car le droit de chacun implique le droit de tous, et de plus le droit de chacun a besoin pour s'exercer du concours de tous.

» Nous remarquons dans un des articles suivants la définition de la propriété, qui est : *le droit d'user d'une chose déterminée de la façon que la loi faite par tous et pour tous détermine.* On voit qu'il ne serait pas difficile de faire sortir le Communisme de cette définition.

» M. Pierre Leroux pose comme règle que le droit et le devoir de chacun sont identiques au droit et au devoir de tous ; que le droit et le devoir répondent à une seule et même chose, le besoin de chacun ; et voici ce qu'il en conclut :

Art. 13. De ces règles résulte pour les hommes la nécessité d'un travail, à la fois individuel et collectif, au moyen duquel ils doivent arriver, les uns par les autres, à la satisfaction de leurs besoins légitimes.

Art. 14. Dans ce travail à la fois individuel et collectif, l'homme se manifeste, d'une façon prédominante, ou comme activité, ou comme sentiment, ou comme connaissance. Il est ou Industriel, ou Artiste, ou Savant.

Art. 15. Le milieu social, ou la Société, doit être organisé de manière que l'Industrie, l'Art, la Science, manifestations du travail de l'homme, servent, de plus en plus, au développement progressif de chaque homme sous le triple aspect physique, moral, et intellectuel.

Art. 16 La Société est le milieu où sont assurés à la fois la procréation, le développement et la vie normale des êtres humains.

Art. 17. La Société doit tendre, de plus en plus, à assurer chacun dans sa condition de Savant, d'Artiste, ou d'Industriel, à procurer à chacun, par le travail de chacun et de tous, la Propriété, la Famille, et la Cité.

» Le chapitre de la *Souveraineté* n'est pas le moins curieux ; il mérite d'être cité en entier :

Art. 18. La Souveraineté absolue n'appartient à personne sur la terre.

Art. 19. La Souveraineté est la puissance qui, de Dieu, descend dans l'esprit humain et se manifeste par le Peuple, c'est-à-dire par l'unité indivisible de tous les citoyens. Véritable image de Celui dont elle découle, la Souveraineté est triple et une, comme son divin auteur. Elle n'existe pas sans trois termes : Tous, Quelques Uns, Chacun.

Art. 20. Chacun, au nom de la raison individuelle et de la liberté de conscience, est souverain ; car chaque homme a roit, le droit est dans chaque homme.

Art. 21. Tous, au nom de la foi et du consentement, sont souverains ; car tous les hommes ont droit, le droit est dans l'union de tous les hommes.

Art. 22. Quelques Uns sont souverains ; car ces quelques uns, ce sont ceux qui, à tous les moments de la durée, sont les plus éclairés, les plus aimants, ou les plus actifs : les initiateurs. En eux-mêmes, en tant qu'hommes particuliers ou individus, ils ne sont pas plus souverains que tous autres ; mais en tant qu'ayant en eux plus d'amour, de science, ou d'activité, ils sont le vrai souverain. Car leur pensée, acceptée des autres hommes, incarnée dans Chacun, devient le lien entre Chacun et Tous, commande à Chacun et à Tous, est la raison de la Loi ordonnée par Tous et obéie de Chacun.

Art. 23. La Souveraineté, donc, c'est la Raison humaine, c'est la Parole, c'est le Verbe, pour employer le langage des théologiens. Cette Parole se fait Loi ; mais à l'instant même où elle se fait Loi, elle est obligée de se soumettre sous cette forme à la Raison incarnée dans chaque homme. Alors la raison de chacun, se faisant Parole à son tour, juge la loi, et prononce en nous-mêmes ; puis, par un second acte, sort de nous, et, convoquant la Raison chez les autres hommes intéressés comme nous à la Loi, s'efforce de les éclairer. Alors tous profèrent de nouveau la Loi, qui de nouveau vient se faire juger par la Raison de chacun ; et ainsi de suite éternellement.

» M. Pierre Leroux admet ensuite et reproduit les trois Déclarations de 1791, de 1793, et de l'an III, sur les droits de l'homme et du citoyen, bien que nos pères n'aient pas distingué les trois termes indivisibles de la Souveraineté, et n'aient pas déterminé comment, de chacun, la Souveraineté peut légitimement passer dans tous, sans cesser de résider et d'agir dans chacun.

» Il reconnaît neuf droits généraux de l'homme et du citoyen ; ces droits se classent trois par trois, et répondent au triple besoin de propriété, de famille, et de patrie, que l'homme porte indivisiblement dans tous les actes de sa vie ; ce sont :

1° Le droit de vivre ou la propriété,
2° La famille,
3° L'éducation,
4° La liberté de conscience,
5° La liberté d'association,
6° La liberté d'industrie,
7° La liberté de la presse,
8° La liberté des suffrages,
9° La sûreté personnelle.

» On remarque qu'ici la propriété devient le droit pour l'homme de vivre.

» A ces neuf droits M. Pierre Leroux fait correspondre neuf devoirs, qui ne sont autres que le respect de chacun des droits :

La pratique de ces neuf devoirs constitue la moralité.

La manifestation des qualités conformes à ces devoirs constitue la seule vraie supériorité qui doive exister désormais parmi les hommes.

L'infraction à ces devoirs donne lieu, par rapport à la société, aux crimes et aux délits, et, par rapport à nous-mêmes, au péché.

Toutes les antinomies qu'on a prétendu établir comme absolues entre l'égoïsme et le dévouement, entre l'intérêt personnel et l'intérêt collectif, n'existent donc point. Il n'y a pas opposition entre l'intérêt de chacun et l'intérêt général. Au contraire, l'intérêt général est identiquement l'intérêt de chacun dans la république.

De là il suit que la république bien pratiquée est le type de la vie morale et le moyen de notre perfectionnement.

» Après avoir ainsi défini les droits et les devoirs, M. Pierre Leroux pose les bases de la Souveraineté ; il veut que les citoyens, tout en créant l'État, leur représentation, par le suffrage universel, conservent en même temps le droit de proposition et de délibération :

La Souveraineté politique, qui est inaliénable dans chacun en même temps qu'elle se manifeste par les décisions de tous, engendre trois termes nécessaires :

1° Le droit de proposition et de protestation pour chacun,

2° La liberté de la presse et des réunions populaires,

3° L'État.

De même donc que les publicistes ont distingué jusqu'ici trois pouvoirs dans l'État, de même il faut distinguer trois pouvoirs dans la Souveraineté.

Et de même que les trois pouvoirs qui constituent l'État doivent être unis, de même les trois pouvoirs qui constituent la Souveraineté doivent s'accorder, sans quoi il y a despotisme ou anarchie.

C'est pourquoi nos pères avaient écrit dans leurs Constitutions le droit d'insurrection.

Plus heureux que nos pères, avancés par leurs travaux et par leurs souffrances, le Législateur immortel, comme nos pères appelaient Dieu, nous permet aujourd'hui de constituer l'État de telle façon qu'il soit impossible qu'il ne s'harmonise pas avec les deux autres pouvoirs que nous reconnaissons dans la Souveraineté.

» Voici maintenant comment M. Pierre Leroux organise l'État, d'après un principe qu'il déclare n'être autre que la loi même de la Vie, principe enseigné par toutes les grandes religions et toutes les grandes philosophies sous le nom de Trinité, reconnu sous la forme de la foi par l'immense majorité des hommes qui peuplent l'univers, et en particulier par la majorité des Européens et par la majorité des Français.

« Il concentre les trois pouvoirs, législatif, exécutif, et judiciaire, avec distinction, mais sans séparation essentielle, dans le Corps un et triple à la fois de la REPRÉSENTATION NATIONALE, ainsi qu'il va être dit :

ARTICLE 1er. En vertu du principe de la Souveraineté de Chacun manifestée par Tous, le Peuple tout entier crée, par un seul acte, sa propre REPRÉSENTATION. Quand il l'a créée, l'État est constitué pour trois ans, et le droit de chacun à faire partie de l'État est suspendu jusqu'au moment où une nouvelle élection a lieu.

ART. 2. Le Peuple crée sa REPRÉSENTATION ainsi qu'il suit.

Il la compose de Savants, d'Artistes, et d'Industriels, de façon à donner lieu

A un CORPS JUDICIAIRE ou SCIENTIFIQUE.

A un CORPS LÉGISLATIF,

Et à un CORPS EXÉCUTIF.

ART. 3. Chacun de ces Corps sera composé de trois cents citoyens élus directement par le peuple tous les trois ans, dans le cours de neuf semaines à partir du 1er janvier.

ART. 4. A cet effet, trois mois avant l'élection, le 1er octobre, la GÉRANCE NATIONALE, dont la nature et les attributions seront déterminées ci-après, désigne une Commission de neuf citoyens chargés de recevoir et de publier les candidatures.

Ces neuf citoyens seront pris dans la Représentation Nationale en exercice, trois dans le Corps Judiciaire, trois dans le Corps Législatif, trois dans le Corps Exécutif.

ART. 5. Trois jours après sa nomination, cette Commission adressera, par l'intermédiaire du ministère de l'intérieur, à toutes les Communes, le Tableau encyclopédique de toutes les Professions, en les rapportant aux diverses catégories des Sciences, des Arts, et des Industries.

Ce tableau contiendra trois catégories pour les Sciences, trois catégories pour les Arts, trois catégories pour les Industries ; en tout neuf catégories sous lesquelles seront rangées toutes les Professions.

ART. 6. Tous les citoyens qui aspireront à l'honneur de représenter le Peuple adresseront leurs titres à la Commission dans le délai d'un mois, en désignant la catégorie et, dans la catégorie, la section scientifique, artistique, ou industrielle, pour lesquelles ils se présentent à l'élection.

Art. 7. La Commission dressera, par ordre alphabétique. le Tableau de toutes les Candidatures

Ce Tableau se composera de neuf Listes distinctes.

» On rassemble ensuite les électeurs neuf fois pour choisir chaque fois cent citoyens sur chaque liste; et les neuf cents citoyens choisis forment l'Assemblée Nationale dans son unité et dans ses trois fonctions.

» Le mécanisme d'élection, qui est très compliqué et que nous renonçons à décrire, produit les trois Corps de la Représentation Nationale, qui se trouvent composés ainsi qu'il suit :

CORPS JUDICIAIRE OU SCIENTIFIQUE.

Trois Chambres

1re CHAMBRE.	2e CHAMBRE.	3e CHAMBRE.
Mathématiciens.	Architectes.	Ingénieurs.
Métaphysiciens.	Littérateurs.	Banquiers.
Anatomistes.	Artistes dramatiques.	Mécaniciens.

CORPS LÉGISLATIF.

Trois Chambres.

1re CHAMBRE.	2e CHAMBRE	3e CHAMBRE.
Physiciens.	Peintres.	Viateurs.
Moralistes	Poëtes.	Négociants.
Médecins.	Musiciens.	Manufacturiers.

CORPS EXÉCUTIF

Trois Chambres.

1re CHAMBRE.	2e CHAMBRE.	3e CHAMBRE.
Chimistes.	Sculpteurs.	Agriculteurs.
Économistes.	Historiens.	Commerçants.
Naturalistes.	Gymnastes.	Usiniers.

» Ainsi se trouve constitué l'État :

» Comme le rayon de lumière est composé de trois couleurs, or, azur, et pourpre, dont l'unité est le blanc, l'Etat est composé de trois Corps, dont l'unité se montre dans la Gérance Nationale.

(Le Constitutionnel cite ici presque textuellement les chapitres V et VI ; et il termine ainsi :)

« On remarquera dans tout cela que, sous une forme mystérieuse, avec le désir d'être profond, M. Pierre Leroux ne présente aucune idée nouvelle. S'il nous parle de devise, de blason, de plantation de peupliers, en revanche il ne dit pas un mot du fameux problème de l'organisation du travail et de la réforme sociale ; il en ajourne la solution. Quant à la république-religion, tout ce que nous en savons, c'est qu'elle aura des jours fériés.

« M. Pierre Leroux cite, dans un de ses ouvrages, une anecdote d'Arlequin qui s'escamote lui-même, et ne laisse, pour continuer la pièce, que sa robe et sa perruque. On a dit avec raison que c'était là sa propre histoire ; on lui demande vainement un corps de système, il n'en livre que les apparences et le vêtement. »

———

LE COMMERCE.

(Lundi 25 septembre 1848.)

« Nous avions toujours été très embarrassés de formuler les idées de M. Pierre Leroux : c'est un problème que M. Pierre Leroux vient de résoudre lui-même.

« L'honorable représentant nous a fait hommage d'un Projet de Constitution dans lequel se trouvent codifiées ses méditations philosophiques, politiques, et socialistes. Le titre en est assez curieux ; le voici : Projet d'une Constitution démocratique et sociale *fondée sur la loi même de la vie, et donnant, par une organisation véritable de l'Etat, la possibilité de détruire à jamais la Monarchie, l'Aristocratie, l'Anarchie, et le moyen infaillible d'organiser le travail national sans blesser la liberté ; présenté à l'Assem-*

blée nationale par un de ses membres, le citoyen PIERRE
LEROUX.

» Ce Projet commence ainsi :

« En présence et sous l'invocation de Dieu, triple et un
» à la fois, qui a créé l'homme Intelligence-Amour-
» Activité, parce qu'il l'a créé à son image. »

» Il finit ainsi :

» ART. 99. Le Drapeau national est indivisiblement
» blanc, or, azur, et pourpre...

» ART. 100. Des peupliers seront plantés et entretenus
» avec soin dans toutes les communes de la République.
» L'État aura pour sceau un autel cylindrique, surmonté
» d'un cône, surmonté d'une sphère rayonnante... Le
» Corps Exécutif aura pour sceau le cylindre ; le Corps
» Législatif, le cône ; le Corps Scientifique, la sphère. »

» Toujours en vertu du principe de la *Triade*, dont
M. Pierre Leroux a découvert la théorie, les *trois Corps* de
la *Représentation Nationale*, le Judiciaire ou Scientifique,
le Législatif, et l'Exécutif, ont chacun trois Chambres.
Voici, entre autres, la composition des trois Chambres
du Pouvoir Exécutif :

1re CHAMBRE.	2e CHAMBRE.	3e CHAMBRE.
Chimistes.	Sculpteurs.	Agriculteurs.
Économistes.	Historiens.	Commerçants.
Naturalistes.	Gymnastes.	Usiniers.

LE CONSTITUTIONNEL.

(Mardi 26 septembre 1848.)

« Il s'agissait de la Constitution des *pouvoirs publics*. Le Projet de la Commission déclare qu'ils émanent du peuple. M. Pierre Leroux a voulu leur donner pour origine la trinité de son invention. M. Pierre Leroux, qui prononce ses anciens écrits sous forme de discours, réédite, sous forme d'amendements, les articles de la Constitution qu'il a faite sans le secours d'aucun collaborateur, et dont nous avons donné ce matin un échantillon. Son amendement était toute une cosmogonie, et M. Pierre Leroux a voulu la développer. Contre les protestations de l'impatience parlementaire qui prévoyait les longueurs de ce développement dès le commencement du discours, l'orateur invoquait son droit, celui d'expliquer sa pensée, selon l'expression du président. Mais l'Assemblée a jugé que l'explication serait trop difficile ou trop peu claire ; et *les interruptions, parties de tous les bancs, n'ont pas cessé.* L'Assemblée théoriquement est dans son tort. Mais M. Pierre Leroux a une manière d'argumentation qui remonte en toutes choses au principe du monde. L'attention de la chambre s'effraye dès le point de départ, et est épuisée après un très court trajet. L'amendement de M. Pierre Leroux *n'a pas trouvé une seule voix pour l'appuyer.*

LE SIÈCLE.

(Mardi 26 septembre 1848.)

« En tête du chapitre III, intitulé *des pouvoirs publics*, M. Pierre Leroux est venu demander l'insertion d'un préambule détaché du fameux *Projet de Constitution* dont il a fait hommage à l'Assemblée. À cette occasion, l'orateur, qui s'abandonnait aujourd'hui aux élans de l'improvisation, a parlé de beaucoup de choses étrangères à l'objet même de son amendement : il a repris la question du droit au travail, a réfuté les calculs de M. Charles Dupin, et a fini par déclarer que puisqu'on ne voulait pas l'entendre, il y aurait des lecteurs pour son idée. Nous lui devons toutefois cette justice qu'il a fait grâce à l'Assemblée des peupliers, de l'autel cylindrique, du cône et de la sphère rayonnante qui fleurissent ou brillent sur le frontispice de sa Constitution.

« M. Pierre Leroux s'était dernièrement ingénié à établir que la science politique n'existait pas. Depuis qu'il a édité son *Projet d'une Constitution démocratique et sociale*, il a compris que cette sentence, s'il ne la corrigeait pas, retomberait de tout son poids sur le fruit de ses propres méditations. Il a eu soin de signaler aujourd'hui la Constitution qu'il vient de publier comme une preuve de l'existence de la science politique. La modestie lui prescrivait peut-être de laisser au public le soin de s'en apercevoir. Il est vrai que, dans sa modestie même, il a dû être porté à craindre que le public ne s'en aperçût pas, et alors le parti le plus sûr était de le lui dire. »

———

LE NATIONAL.

(Mardi 26 septembre 1848.)

L'article 18 du Projet de Constitution, portant que tous les pouvoirs publics, quels qu'ils soient, émanent du peuple, et ne peuvent être délégués héréditairement, nous a valu un amendement et un discours de M. Pierre Leroux. L'amendement et le discours ont eu d'égales infortunes : le premier a été rejeté, le second n'a pas été écouté. Nous comprenons que l'on repousse certaines idées, mais du moins serait-il convenable d'en entendre les développements. Nous revendiquons en conséquence la liberté de la tribune pour toutes les opinions; et, bien que nous soyons loin de partager le système de M. Pierre Leroux, nous devons dire qu'il a plus de droit à cette

liberté que bien des gens qui l'interrompent, et qui seraient bien en peine d'en donner d'autre raison qu'une
puérile impatience de toute discussion approfondie.
M. Pierre Leroux voulait, par le paragraphe additionnel
qu'il présentait, appliquer le principe philosophique de
la trinité à la Constitution. Qu'il nous permette de le lui
dire avec l'humilité qui convient à des profanes, nous ne
voyons pas bien comment cela aurait rendu la Constitution meilleure. La notion de la trinité n'est pas absolument indispensable pour organiser le suffrage universel,
le pouvoir législatif, le pouvoir exécutif, etc. Nous ne
voudrions pas **médire de la trinité de M. Pierre Leroux**,
que d'ailleurs nous avons le malheur de ne pas très bien
comprendre ; mais enfin il est permis de croire qu'on
peut se passer de toute cette alchimie numérique ; et l'on
peut douter que le dogme trinitaire, appliqué à la Constitution, *anéantît dans leur germe les ambitions qui tendraient à la détruire.*

LE JOURNAL DES DÉBATS.

(Mardi 26 septembre 1848.)

Il a été présenté un *curieux* amendement aux articles
18 et 19, qui établissent l'origine et la séparation des
pouvoirs : c'est celui de M. Pierre Leroux, pour introduire la *trinité* dans notre organisation politique. Nous
ne méprisons pas les systèmes, nous aimons seulement
qu'ils soient à leur place. Il est évident que la république
de M. Pierre Leroux n'est pas de ce monde, et que l'honorable orateur a tort de la faire descendre à la tribune.
Aussi *n'a-t-il pas trouvé une seule voix pour appuyer son
projet trinitaire.*

L'UNION.

(Mardi 26 septembre 1848.)

« Mentionnons, pour mémoire, l'apparition de M. Pierre Leroux à la tribune, avec un amendement dont lui seul avait le secret, et où il était question de la Foi, de la Philosophie, et de la Trinité !!! »

L'ÈRE NOUVELLE.

(Mardi 26 septembre 1848.)

« M. Pierre Leroux a proposé un amendement, pris dans sa Constitution, bien entendu. M. Pierre Leroux, à ce propos, a voulu expliquer de vive voix ce qu'il a expliqué par écrit ; mais l'Assemblée a fait un tel bruit dans son impatience, que force a été à M. Pierre Leroux de descendre de la tribune en en appelant aux lecteurs. Nous ne voulons pas prétendre que M. Pierre Leroux n'eût pas d'excellentes raisons à donner ; mais il eût dû s'en tenir à la première édition qu'il a publiée ces jours-ci ; la Chambre l'a à peine épuisée. »

LE BIEN PUBLIC.

(Mardi 26 septembre 1848.)

« L'Assemblée a commencé la discussion sur l'organisation des pouvoirs. M. Pierre Leroux a profité de l'occasion pour apporter à la tribune, au nom de ses cent mille suffrages, une théorie mystagogique qui ne sera comprise que de ses cent mille électeurs. »

L'ASSEMBLÉE NATIONALE.

(Mardi 26 septembre 1848.)

« La parole est donnée à M. Pierre Leroux pour développer un paragraphe destiné, dans la pensée de M. Pierre Leroux, à supplanter l'article 18 du Projet de la Commission. L'Assemblée aurait vivement désiré que l'orateur se bornât à lire la page 35 du *Projet de Constitution* de M. Pierre Leroux, petit livre distribué la veille aux représentants. Mais M. Pierre Leroux a protesté avec une vigueur telle contre les interruptions et les interrupteurs que l'Assemblée a dû se soumettre. *Elle s'en est vengée en murmurant une heure durant.* L'orateur est descendu de la tribune en protestant. »

———

L'ESTAFETTE.

(Mardi 26 septembre 1848.)

« M. Pierre Leroux, qui a fait distribuer une brochure contenant tout un projet nouveau de Constitution, a pris la parole sur la distinction des pouvoirs. *De fréquentes interruptions arrêtent à chaque instant l'orateur, et le président a beaucoup de peine à lui maintenir la parole.* M. Pierre Leroux soutient que le Projet qui a été proposé par la Commission est gros de périls pour l'avenir, qu'il ne constitue que le désordre, en conservant, sous des noms nouveaux, la monarchie et l'aristocratie. L'inattention marquée par l'Assemblée force l'orateur de quitter la tribune. »

———

LA GAZETTE DES TRIBUNAUX.

(Mardi 26 septembre 1848.)

« Le chapitre III, intitulé *Des pouvoirs publics*, eût été adopté sans contestation, si M. Pierre Leroux, auteur, comme on sait, d'un contre-projet de Constitution, n'eût cru opportun d'exposer à la tribune, sous forme d'amendement, quelques unes des idées développées et découpées en articles dans ce contre-projet. M. Pierre Leroux juge sévèrement le projet en discussion. Suivant lui, ce projet n'amènera que l'anarchie, et cela parce qu'il ne repose pas sur le principe qui constitue *la loi même de la vie*, principe *enseigné par toutes les grandes religions et toutes les grandes philosophies sous le nom de Trinité, reconnu sous la forme de la foi par l'immense majorité des hommes qui peuplent l'univers, et en particul er par la majorité des Européens et par la majorité des Français.* Il demande donc que ce principe soit appliqué, si l'on veut *substituer la lumière de la raison à un aveugle empirisme ; le consentement à l'obéissance, la liberté à l'esclavage,* mettre la Constitution *en rapport avec la loi même de la vie, la rendre rationnelle et inattaquable, et anéantir par là dans leur germe les ambitions qui tendraient à la détruire.*

» M. Pierre Leroux est un homme sérieux, et que nous croyons convaincu. Mais il devrait s'apercevoir que l'Assemblée a peu de goût pour les théories abstraites et pour toutes les rêveries que son imagination lui fait prendre pour des réalités applicables. Il semble, à la lecture de son *Projet d'une Constitution démocratique et sociale,* que l'on se trouve reporté aux temps antiques et jusqu'aux mystères d'Isis. M. Pierre Leroux a d'ailleurs un grand tort : c'est celui de ne donner que la moitié de ce que promet le titre de sa brochure, et de s'arrêter court précisément devant la partie la plus difficile du problème, celle relative à l'organisation du travail. L'honorable orateur n'a donc pas dû être surpris des interruptions trop nombreuses qui ont accueilli ses paroles. Chacun, se reportant à sa brochure, demandait à comprendre ce système triangulaire et cette classification nonagone de la société, qui sont, en réalité, ce qu'il appelle la loi de la vie. Mais hélas ! on comprenait peu ; et, fatigué de lutter, M. Pierre Leroux a dû descendre de la tribune en en appelant à l'intelligence du public. »

LA DEMOCRATIE PACIFIQUE.

(Mardi 26 septembre 1848.)

« M. Pierre Leroux voudrait que la Constitution fût disposée d'après les principes de l'absolu. La Trinité est la loi de la vie; suivant le philosophe de Boussac, on la retrouve en toutes choses, dans l'homme, dans le monde, dans les religions et dans les philosophies : donc il faut l'introduire dans la Constitution. M. Pierre Leroux vit d'habitude dans les régions de l'idéal, et il ne sait pas toujours se mettre à la portée de ceux qui l'écoutent. Ses discours sont longs, et il est impossible qu'il en soit autrement, l'ordre d'idées dans lequel il raisonne se trouvant fort éloigné de celui où se place son auditoire; et ses propositions, vraies peut-être dans l'absolu, manquent de ce côté pratique et terre à terre qui seul pourrait les faire accepter. La division trinaire, introduite dans la Constitution, pourrait y jeter une netteté qui manquera à l'œuvre de l'Assemblée nationale. Mais une subdivision parfaite et mathématique ne se peut appliquer qu'à une organisation complète. Or la société actuelle est loin d'être organisée : quelques branches le sont, d'autres pourront l'être dans un temps plus ou moins éloigné ; d'autres, enfin, ne le pourront être qu'à la condition d'une transformation. Une Constitution n'est pas l'idéal ; c'est un tableau de la société du moment avec quelques aspirations de l'avenir, indiquant la tendance des esprits. Si l'Assemblée Nationale pouvait, dès aujourd'hui, concevoir et formuler une Constitution complétement équilibrée et organisée, c'est que l'organisation serait prête à s'incarner au sein même de la société ; et la difficulté qu'éprouve M. Pierre Leroux, non pas à faire accepter ses idées, mais à se faire comprendre de cette Assemblée, *qui se plaît à étouffer sa voix*, montre assez combien nous sommes encore loin de ce jour. Une Constitution, aujourd'hui, ne saurait être qu'une œuvre de transition entre l'anarchie du passé et l'harmonie de l'avenir. »

LA REFORME.

(Mercredi 6 septembre 1848.)

« A voir les choses scientifiquement, une Constitution devrait être une doctrine générale donnant raison de tous les problèmes, une philosophie compréhensive de toutes les vérités, en un mot une religion.

» Ainsi l'exposé critique de Pierre Leroux était fondé de tous points, et son discours (1), si remarquable par la force de dialectique, par la profondeur des études, par la vigueur et la netteté de la démonstration, ce discours, sorti comme un livre de ce grand esprit, a posé des conclusions qui sont d'une implacable vérité.

» Si Pierre Leroux avait lu son travail dans une grande assemblée d'Allemagne, on l'aurait écouté dans un silence profond, et les plus gros bourgeois eux-mêmes auraient suivi haletants cette pensée puissante qui sillonne, en les éclairant, les deux grandes routes de l'Humanité, l'histoire et la philosophie. Ils auraient cru reconnaître, dans cet interprète éminent de la tradition, un de ces penseurs illustres, un de ces maîtres vénérés qui, dans ce siècle, au-delà du Rhin, ont bâti de si grands systèmes, de si beaux palais à l'esprit humain.

» Mais dans notre pays, on ne comprend rien en dehors des petits manuels, des petits codes, et des catéchismes clichés. La recherche des lois générales paraît un travers, une maladie; on est avocat, médecin, géomètre à l'arpent; et quand on a réglé le menu du conseil municipal, on se croit savant, on méprise les rêveurs, et l'on va lire l'*Oncle Thomas* ou les *Contes* d'Arouet.

» On comprendra par là que la belle étude de Pierre Leroux n'ait pas eu le même succès qu'un petit discours de M. de Kerdrel ou de M. Faucher; elle passait trop haut au-dessus de ces intelligences endormies, rouillées, ou vides. Mais qu'importe? Les idées grandes et vraies ne se perdent jamais; elles s'en vont comme la poussière

____

(1) Dans la discussion générale.

des fleurs à travers les vents, et trouvent toujours une terre qui les recueille. »

Jeudi 7 septembre 1848.

« Le frontispice du temple ne manquera pas de peintres badigeonneurs ; chacun y veut inscrire ses dogmes, sa formule, et surtout son nom. Les comiques eux-mêmes viennent danser autour du monument ; et si nous avons de longs discours qui fatiguent la grasse paresse des esprits assoupis ou satisfaits, de temps en temps, dans les intermèdes, on nous joue de charmantes bouffonneries.

»M. Victor Grandin, qui pleure sur les *heures perdues* (1), est venu proposer aujourd'hui de condamner au libraire les philosophes qui portent à la tribune des manuscrits trop gros et la nouvelle édition de leurs longues études. Or M. Grandin a perdu près d'une heure en d'innocentes malices contre Pierre Leroux et sa philosophie. Qu'y a-t-il, en effet, dans le bagage scientifique de cet homme qui, par un labeur de trente ans accompli dans la misère et l'honneur, s'est fait une si belle place dans la famille des philosophes ? Est-ce que l'histoire un jour gardera la trace, le souvenir et le nom de ce pauvre insensé, de cet esprit subalterne et chétif, qu'on appelle Pierre Leroux ? Parlez-nous de M. Victor Grandin ; celui-là montera haut dans la gloire, et son nom, inscrit au livre d'or des idées, fera pâlir toutes les constellations de la politique et de la philosophie. M. Victor Grandin se moquant de Pierre Leroux *aux applaudissements de l'Assemblée*, c'est d'un grotesque assez triste ; mais ce n'est pas la philosophie qui peut en souffrir. »

(Mardi 26 septembre 1848.

« Le citoyen Pierre Leroux a porté fort courageusement à la tribune des vérités philosophiques dont toute

---

(1) Il s'agit des *treize heures et demie* de travail effectif des ouvriers d'Elbeuf, avouées par M. Grandin, et réduites à douze par le décret sur la fixation des heures de travail.

la bazoche parlementaire ne sait pas le premier mot. Le citoyen Pierre Leroux, homme de paix, d'ordre et d'idée, ne sait pas sans doute que les deux tiers de l'Assemblée dorment loyalement quand on leur parle droit, comme dormaient jadis leurs devanciers quand on leur parlait bonheur ! »

LA REPUBLIQUE.
(Mardi 26 septembre 1848.)

« Le chapitre III du Projet, contenant la définition des *pouvoirs publics*, a amené M. Pierre Leroux à la tribune. S'il était un sujet où le philosophe-orateur pût développer ses théories, c'était assurément celui-là. Pour répondre au reproche qui lui avait été fait de ne point présenter de système, M. Pierre Leroux s'était donné la peine de rédiger tout un *Projet de Constitution* qu'il avait fait distribuer à ses collègues et aux rédacteurs de journaux. Cette œuvre, éminemment remarquable, méritait la plus sérieuse attention. Mais comme c'était de la science transcendante, au-dessus de la portée de ces démocrates qui *ne comprennent rien en dehors de leurs intérêts personnels*, un parti pris de *scandaleuses interruptions* a forcé l'orateur de descendre de la tribune; et la voix de l'élu de cent mille citoyens, du philosophe et du penseur dont les œuvres vivront encore longtemps après que les noms de ses interrupteurs seront tombés dans les limbes de l'oubli, a été indignement étouffée. »

LE CHARIVARI.

(Lundi 24 septembre 1848.)

« La Constitution démocratique et sociale de saint Pierre Leroux est rédigée en cent articles; il aurait pu en mettre cent et un, il a craint que l'on ne confondît alors son livre avec celui que le libraire Ladvocat a publié après la révolution de juillet.

» Nous aurons à nous occuper longuement de ce remarquable travail; nous lui consacrerons même, s'il le faut, cent colonnes, ce qui donnerait colonne pour article; et dès aujourd'hui nous allons vous faire connaître l'article dernier, celui qui clôt la constitution.

» Avec tout autre législateur nous aurions commencé par le commencement; mais comme saint Pierre Leroux ne fait rien comme les autres, nous devons l'imiter dans sa manière de travailler.

» Nous citons textuellement: des phrases aussi remarquables ne doivent pas être modifiées; si nous ajoutions une seule virgule, vous pourriez croire que tout le reste n'est que de la charge. Changer quoi que ce soit dans un article pareil, ce serait un crime de lèse-table de la loi.

» Corne de feu! le ciel nous préserve d'une semblable idée !

» Français, genou terre! voici saint Pierre Leroux qui parle :

» L'Assemblée Nationale décrète :
» Art. 100. Des peupliers seront plantés et entretenus
» avec soin dans toutes les communes de la République.
» L'État aura pour sceau un autel cylindrique surmonté
» d'un cône, surmonté d'une sphère rayonnante. Ce
» sceau de l'État sera remis aux mains de la Gérance Na-
» tionale, pour être appliqué, en relief de cire, sur tous
» les traités avec les nations étrangères et sur l'original
» de toutes les lois. Chacun des trois Corps de la Repré-
» sentation aura pour sceau un des trois solides de révo-
» lution dont l'unité compose le sceau de l'État.

» Le Corps exécutif aura pour sceau le cylindre, ou son
» profil cubique; le Corps législatif, le cône, ou son
» profil, le triangle équilatéral; le Corps scientifique, la
» sphère rayonnante, ou son profil, le cercle entouré de
» rayons. Le sceau de chacun des trois corps de la Repré-
» sentation nationale sera remis aux mains de la prési-
» dence de ce corps pour être appliqué sur tous les actes
» du corps. »

» Si les partisans de la République démocratique et
sociale ne sont pas contents, ma foi ils seront bien diffi-
ciles, ou bien c'est qu'ils n'aimeront pas les peupliers ni
les autels cylindriques surmontés d'un cône, lequel cône
est surmonté d'une sphère rayonnante, laquelle sphère
rayonnante est elle-même surmontée... mais non, il n'y
a plus rien; c'est dommage! je trouve qu'un troisième
surmontage aurait fait très bien.

» Par exemple, une chose me déplaît dans la première
partie de l'article 100 : la rédaction en est un peu obscure,
ce qui m'étonne de la part de saint Pierre Leroux, dont le
mérite principal est d'ordinaire une grande clarté de
style.

» Le législateur ne nous dit pas combien de peupliers
seront plantés dans chaque commune; c'est un tort, parce
que cela pourra donner lieu à des contestations entre certains maires et leurs administrés.

» Dans tel canton les Français jouiront de cinq ou six
cents peupliers, tandis que dans tel autre arrondissement,
le maire ne fera planter que trois peupliers. Or comment
voulez-vous qu'une commune entière soit heureuse avec
seulement trois peupliers!

» Quant à la fin de l'article 100, nous n'avons que des
éloges à lui donner; des cônes, des solides, des triangles
équilatéraux, et surtout des sphères rayonnantes, c'est
tout ce qu'il y a de plus lumineux! »

(Mardi 26 septembre 1848. .

« L'orateur Pierre Leroux ne jouit pas précisément de la faveur particulière de l'Assemblée ; c'est un bienfaiteur de l'humanité encore méconnu. Mais sa position d'homme éloquent qu'on s'obstine à ne point écouter double à nos yeux le prix de son courage. Chaque fois que je vois le vénérable Pierre Leroux diriger sa houpelande vers la tribune, je ne puis m'empêcher d'être saisi d'admiration à la pensée que ce philosophe va braver pendant deux heures toutes les intempéries d'un auditoire agité par les approches de l'équinoxe. »

(Vendredi 27 septembre 1848.)

« Quelques citoyens, et nous sommes du nombre, trouvent que les deux Chambres proposées par M. Thiers sont du luxe. Que diront les Français lorsqu'ils vont apprendre que le philosophe Pierre Leroux ne se contente pas de deux Chambres, il lui en faut neuf !

» Un appartement complet.

» Je me disais aussi, un homme qui ne se contente pas de trois couleurs pour en faire un drapeau national, doit avoir en toutes choses des goûts immodérés.

» Ça n'a pas manqué : en continuant ma lecture de la Constitution démocratique et sociale, comme je l'avais commencée, c'est-à-dire à rebours, ce qui est la meilleure manière de lire ces sortes de choses, de l'article 98 je suis arrivé à l'article 97.

» Ah ! quel bel article, quel bel article !

» C'est dans ces lignes mémorables que le législateur socialiste détermine la forme que doit avoir le pouvoir en France.

» Suivant les règles éternelles de la triade , il divise ce pouvoir en trois parties : Corps judiciaire, Corps législatif, Corps exécutif.

» Ces trois Corps forment un seul individu qui s'appelle le pouvoir. Ça enfonce les deux jumeaux Siamois, qui n'étaient que deux.

» Aussi leur constitution n'était-elle pas robuste : si les jumeaux Siamois avaient été établis par la nature selon les règles de la triade, ils auraient vécu cent ans.

» La duade est exécrable !

» Chacun des Corps en question, je ne parle plus des jumeaux Siamois, je parle du pouvoir selon saint Pierre Leroux, chacun de ces trois Corps se triadifie en sous-ordre, et chaque Corps se subdivise en trois Chambres.

» Ce qui nous donne les neuf Chambres dont je vous parlais plus haut. L'addition est exacte, je l'ai fait vérifier par un savant de mes amis qui n'est pas M. Charles Dupin.

» La manière dont saint Pierre Leroux compose ses Chambres n'est pas moins curieuse que tout le reste de ses inventions philosophico-sociales.

» Après ça on ne doit s'étonner de rien de la part d'un législateur qui, comme palliatif aux maux de la France, ne trouve pas de meilleur remède que de remplacer au plus vite le drapeau au trois couleurs par un étendard quadricolore.

» Or le moindre défaut du drapeau quadricolore est, à mes yeux, d'être en opposition formelle avec la loi de la triade.

» Dans la première Chambre du Corps judiciaire se trouvent fourrés les métaphysiciens, les mathématiciens et les anatomistes ; dans la deuxième, les architectes, les littérateurs et les artistes dramatiques ; dans la troisième, les ingénieurs, les banquiers et les mécaniciens.

» Les anatomistes, les mécaniciens et les littérateurs me semblent merveilleusement placés dans le Corps judiciaire.

» Je ne parle pas des artistes dramatiques, ils sont habitués à jouer tous les rôles.

» Dans le Corps législatif, je trouve amalgamés les physiciens, les poètes, les peintres, les musiciens, les manufacturiers et les *viateurs*.

» Quelles excellentes lois nous fabriqueraient des poètes, aidés des conseils des physiciens et des musiciens !

» Quant aux viateurs, si, par ce mot, Pierre Leroux entend les voyageurs, ils ne seront pas gênants, attendu qu'ils seront partout ailleurs que dans leur Chambre respective.

» Dans le Corps exécutif, les trois Chambres sont composées de naturalistes, d'agriculteurs, de commerçants, de chimistes, de sculpteurs, et de gymnastes.

» Ces gymnastes, qui feront partie du Pouvoir exécutif, sont probablement les anciens actionnaires du Gymnase. Dam ! ça leur était bien dû !

» Après ces détails, saint Pierre Leroux ajoute gravement : « *Ainsi se trouve constitué l'État.* »

UN MOT

DE

RÉPONSE AUX JOURNAUX.

Nous avons dit que nos idées avaient été, non pas examinées, non pas jugées par les journaux, mais *dénigrées*. Nous maintenons notre dire. La presse, en faveur de laquelle nous avons si justement réclamé à l'époque où l'on apporta à l'Assemblée Nationale la loi du cautionnement et les autres mesures préventives, la presse dont notre théorie fait avec raison un des pouvoirs de la Souveraineté nationale, n'a pas été généreuse à notre égard.

Nous la remercions néanmoins, et de bon cœur. Nous croyons avec tant d'ardeur à la puissance de la vérité, que tout ce qui la sème dans le monde nous paraît bienfaisant. Nous allons répondre en peu de mots aux diverses feuilles qui ont bien voulu s'occuper de notre *Constitution*, en suivant l'ordre dans lequel nous venons d'enregistrer leurs jugements.

En premier lieu, nous n'avons que des grâces à rendre au *Constitutionnel*. Son analyse est très bien faite. Nous soupçonnerions même le rédacteur d'être plus partisan de nos idées qu'il ne le donne à entendre. On ne met pas en lumière avec tant de soin ce que l'on considère comme nul et sans importance. Il est vrai que c'est à titre de *curieuse rêverie philosophique* que le *Constitutionnel* cite notre *Constitution démocratique et sociale*. Mais de quoi est-on sûr aujourd'hui en fait de journalisme? Les journaux sont rédigés par des sceptiques: pourquoi un sceptique ne se plairait-il pas, au moyen de quelques plaisanteries lui servant de passeport, à introduire des idées novatrices dans la feuille la plus criminellement rétrograde et réactionnaire? Et les lecteurs de cette feuille, qui sont sceptiques comme elle, ne s'en fâcheraient point. C'est ainsi que les journaux les plus hostiles au progrès servent le progrès. A la fin de son analyse, le *Constitutionnel* nous reproche de ne pas dire *un mot du fameux problème de l'organisation du travail et de la réforme sociale*. Patience! N'est-ce donc rien que de vous avoir présenté un projet pour l'*organisation de l'État* et pour la *réforme gouvernementale*, projet que vous analysez, mais que vous ne réfutez pas? La réforme sociale et l'organisation du travail dépendent de la possibilité d'organiser véritablement l'État. Vous voyez donc bien que nous sommes en route pour vous donner ce que vous demandez.

Nous n'avons rien à dire du petit article insignifiant que le journal du *Commerce* a consacré à notre Projet. On ne sait, en vérité, si le rédacteur a voulu nous louer ou nous blâmer.

Le *Siècle* est évidemment plus méchant : il veut nous mordre et nous égratigner ; mais il ressemble à un bel enfant à moitié endormi qui, après quelques efforts, retomberait dans son sommeil sans avoir fait le mal qu'il voulait faire. Le *Siècle* nous reproche de n'avoir pas été modeste et d'avoir été contradictoire en disant d'abord-que la science politique n'existait point, et ensuite que nous la possédions. Si le *Siècle* voulait examiner de près nos paroles, il verrait qu'elles ne renferment aucune contradiction. Depuis que nous écrivons, nous ne nous sommes jamais contredit. Le *Siècle*, qui a autrefois accueilli quelques unes de nos idées, se contredit tous les jours.

Le *National*, qui est aussi de nos anciennes connaissances, n'a jamais été plus gracieux pour nous depuis longtemps qu'il ne l'est en cette circonstance. Il blâme l'Assemblée de n'avoir pas voulu nous entendre. Ce n'est point qu'il partage notre système. La notion de la trinité, dit-il, n'est pas absolument indispensable pour organiser le suffrage universel, le pouvoir législatif, le pouvoir exécutif, etc. Il est vrai que le rapporteur du Projet de constitution qui se discute en ce moment à l'Assemblée Nationale n'a pas cru que la trinité fût nécessaire, et ce rapporteur est un ancien publiciste du *National*. Mais cet argument même parle en faveur de la trinité; car, hélas! la Constitution à laquelle M. Marrast a attaché un charmant rapport, cette Constitution sans trinité et sans idées ne constituera rien. Le *National* dit aussi qu'il ne comprend pas comment le dogme trinitaire, appliqué à la constitution, anéantirait dans leur germe les ambitions qui tendraient à la détruire. C'est avoir l'esprit peu ouvert, que de ne pas comprendre comment, en supprimant la présidence, nous supprimons les prétendants.

Le *Journal des Débats* ne méprise pas les systèmes, mais il aime qu'ils soient à leur place. On voit que ce journal se rappelle son Horace : *Non erat hic locus.*

Il trouve que notre république n'est pas de ce monde, et que nous avons tort de la faire descendre à la tribune. Si elle n'est pas encore de ce monde, elle pourra en être un jour ; et voilà pourquoi elle descend à la tribune, au risque d'y être lapidée.

Que dire de l'ancienne *Quotidienne*, journal éminemment clérical et catholique, qui, déguisé aujourd'hui sous le nom de l'*Union*, se rit de notre amendement, parce qu'il y était question de la foi, de la philosophie, et de la Trinité ? Hélas ! ce journal peut se mettre à couvert derrière les prélats de l'Assemblée ! Nous ne pourrions pas affirmer qu'ils aient ri au nom de la Trinité, mais ils ont laissé rire sans protester.

L'*Ère nouvelle*, autre feuille religieuse, se tient dans une prudente réserve. Elle allègue le bruit pour ne pas s'expliquer sur le fond des choses. Vraiment y a-t-il encore des théologiens catholiques ? Voilà un journal fondé au nom d'un prédicateur célèbre ; et ce journal n'a pas un avis quand il s'agit d'appliquer le dogme fondamental du Christianisme à la constitution des États !

J'ai déjà répondu au *Bien public*, fondé par M. de Lamartine, que ce peuple d'ouvriers et de prolétaires auquel il renvoie ma théorie *mystagogique*, comprendra la vérité avant que ses rédacteurs et ses patrons la comprennent. L'Écriture dit : *Celui qui s'élève sera abaissé, et celui qui s'humilie sera élevé.* L'Évangile dit aussi, flétrissant les superbes : *Bienheureux les humbles et les pauvres d'esprit !*

L'*Assemblée nationale*, parlant de son Sosie, la véritable Assemblée nationale, raconte que cette dernière, forcée par notre insistance de nous entendre, *s'en est vengée en murmurant une heure durant.* A quoi l'*Estafette* ajoute, que *le président a eu toutes les peines du monde à maintenir à l'orateur la parole.*

La *Gazette des tribunaux*, fâchée de ce spectacle d'une Assemblée qui se venge en murmurant une heure durant, jette sur nous tout le blâme, parce que nous devrions, dit-elle, nous apercevoir que l'Assemblée a peu de goût pour nos rêveries. Mais elle dit en même temps que nous lui paraissons sérieux et convaincu. Si nous sommes convaincu, nous devons essayer de convaincre l'Assemblée. Cette même feuille répète ce qu'a dit le *Constitutionnel*, que nous avons un grand tort, celui de *nous arrêter court précisément devant la partie la plus difficile du problème, celle relative à l'organisation du travail.* Nous lui répondrons ce que nous avons répondu au *Constitutionnel* sur ce point, que, quelque bonne volonté que nous ayons, nous ne pouvons pas tout dire à la fois, et que c'est déjà quelque chose que l'organisation politique. Enfin, il semble à la *Gazette des tribunaux* qu'on se trouve reporté avec nous aux temps antiques et jusqu'aux mystères d'Isis. Nous conseillons au rédacteur de ne pas tant dédaigner l'antiquité et de tâcher de la comprendre. Il y avait de grandes vérités révélées dans les mystères.

Nous remercions la *Démocratie pacifique* de sa protestation en faveur de la liberté de la tribune; mais quand cette feuille nous dit qu'une constitution est *un tableau de la société du moment avec quelques aspirations de l'avenir, indiquant la tendance des esprits,* nous nous croyons en droit de demander aux disciples de

Fourier en quoi consiste la science d'organisation
découverte par leur maître ? Comment ! vous avez ,
dites-vous, une science de l'organisation ; et vous ne
la montrez pas quand il s'agit de constituer l'Humanité ! M. Considérant était membre de la Commission de constitution ; et le voilà qui proclame qu'il
n'y avait pas lieu de présenter une idée d'organisation ! La question est de savoir si c'est l'occasion qui
manquait. M'est avis, à moi qui jadis ai critiqué
Fourier, que c'est l'idée constituante et organisatrice
qui a fait défaut.

Mon examen de mes juges s'arrête ici ; car il ne
me reste à parler que de deux journaux amis.

Un remerciement de cœur à la *Réforme*, et à celui
qui la rédige. Je lui renvoie ce qu'il me dit en si bon
style : « Les idées grandes et vraies ne se perdent
» jamais ; elles s'en vont comme la poussière des
» fleurs à travers les vents, et trouvent toujours une
» terre qui les recueille. »

Un remerciement également senti à la *République*.

Mais je m'aperçois que je n'ai pas parlé du *Charivari*, qui poursuit ma Constitution des flèches de
Cham, plus piquantes que ses articles. Eh bien, je
remercierai aussi le *Charivari*.

Au quinzième siècle on se mit tout d'un coup à
danser en mourant , à mourir en dansant. La peste
noire ravageait l'Europe, et le fanatisme des guerres
religieuses armait la moitié du monde contre l'autre.
Une maladie semblable à celle que donne , dit-on ,
la piqûre de la tarentule, s'empara de quelques
hommes ; d'autres les imitèrent par contagion. L'art
vint à son tour, et les artistes réalisèrent à l'envi des

images plus expressives et plus effrayantes les unes que les autres : la Mort y figurait toujours, faisant danser tous les âges, tous les rangs, toutes les conditions : ce fut la danse macabre, dessinée, peinte, sculptée, gravée dans toute l'Europe. Aujourd'hui nous en sommes au même excès d'horreur, et nous rions quand la mort va nous saisir.

Quelle époque que la nôtre ! Tous les fléaux nous affligent à la fois. On croirait les lois du monde interverties pour nous perdre. Des maladies sont venues frapper les hommes et les végétaux, maladies mystérieuses et qui ne laissent pas apercevoir comment elles sévissent. La pourriture de la pomme de terre, aussi incompréhensible que le choléra, a produit une famine dans toute l'Europe ; et voici que le choléra revient, des extrémités de l'Asie, nous montrer la mort partout, dans la terre que nous foulons aux pieds, dans les aliments qui nous nourrissent, dans les eaux qui nous désaltèrent, dans les brises qui nous rafraîchissent. Environnés d'ennemis, nous mourons par tout ce qui nous fait vivre. Mais que sont ces fléaux, auprès de ceux que notre propre nature engendre en ce moment pour notre mutuelle ruine ! Y a-t-il rien de plus cruel pour l'homme que l'homme lui-même ! O affreuses journées où j'ai vu tout ce que la nature humaine peut engendrer de cruauté ! Je vous atteste, jours néfastes encore si près de nous, jamais à aucune époque le monde n'a vu la dissolution du genre humain plus grande qu'elle ne l'est aujourd'hui. On ne tue plus sur les échafauds, me dira-t-on : non, mais on tue dans les cachots ! On ne tue plus par fureur, ajoutera-t-on ;

non, mais on tue par peur ! Jours affreux, fasse le ciel que vous ne reveniez jamais. Disons tous ensemble, à quelque parti que nous appartenions :

Exterminez, grand Dieu, de la terre où nous sommes,
Quiconque, avec plaisir, répand le sang des hommes.

Hé bien ! il est des gens qui se font journellement cette question : Vivrons-nous demain ? mais, n'ayant pas de foi, pas d'espérance, pas d'amour, privés qu'ils sont d'idéal, n'ayant que des sens et l'intelligence des sens, ils concluent : *Buvons et mangeons ; nous mourrons demain.*

Rire de tout, des idées, des convictions, de la vertu, de l'espérance, rire et ne croire à rien, rire pour rire, rire en se sentant mourir, rire pour mourir enfin, voilà ce que le vieux monde qui trépasse s'efforce de faire, par crainte même de la mort. Il n'a pas de religion, il n'en veut pas. Il cherche, comme Satan, l'ironie ; il la trouve : mais à quelle condition ?

Pour rire il faut un objet ; or, ce vieux monde est tellement défait et détruit, qu'il ne saurait même plus rire de lui-même, se prendre pour sujet de son rire. Que fait-il ? Il rit de ce qui va le remplacer, de l'idée nouvelle qui vient naïvement se poser sous l'œil de Dieu pour renouveler le monde. Ce rire donc est utile ; ce rire du mourant qui agonise sert à faire connaître l'idée nouvelle, qui, toute défigurée qu'elle soit, se retrouve dans la parodie qu'on fait d'elle.

FIN DE L'APPENDICE.

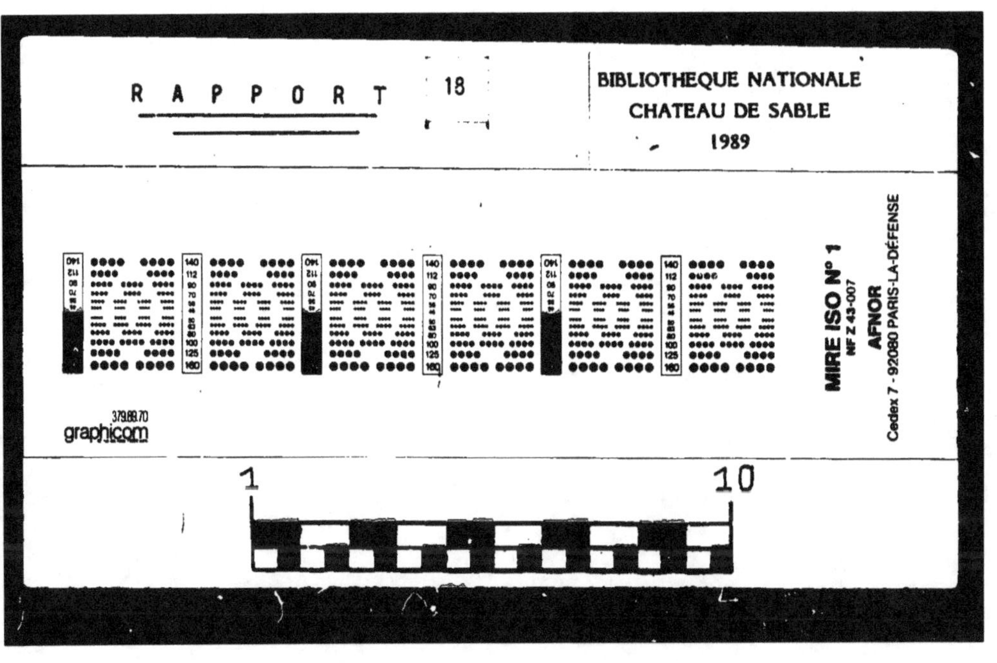

R A P P O R T   18
BIBLIOTHEQUE NATIONALE
CHATEAU DE SABLE
1989
140 112 90 70 60 80 100 125 160
MIRE ISO N° 1
NF Z 43-007
AFNOR
Cedex 7 - 92080 PARIS-LA-DÉFENSE
379.88.70
graphicom
1
10

9 782013 567114